नामवर की दृष्टि में

मुक्तिबोध

नामवर सिंह

संकलन-सम्पादन
विजय प्रकाश सिंह
ए. अरविंदाक्षन

वाणी प्रकाशन

वाणी प्रकाशन

4695, 21-ए, दरियागंज, नयी दिल्ली 110 002

फ़ोन : +91 11 23273167 फ़ैक्स : +91 11 23275710

शाखाएँ

अशोक राजपथ, पटना 800 004, बिहार

कॉफ़ी हाउस कैम्पस, महात्मा गांधी मार्ग, इलाहाबाद 211 001, उत्तर प्रदेश

महात्मा गांधी अन्तरराष्ट्रीय हिन्दी विश्वविद्यालय, वर्धा 442 001, महाराष्ट्र

सुल्तानिया रोड, मोतिया पार्क, भोपाल 462 001, मध्य प्रदेश

www.vaniprakashan.com
marketing@vaniprakashan.in
sales@vaniprakashan.in

Namwar Ki Drishti Mein Muktibodh
by Namwar Singh
Compiled & Edited by Vijay Prakash Singh
A. Arvindakshan

ISBN : 978-93-90678-48-8
Criticism

पेपरबैक प्रथम संस्करण 2021

मूल्य : ₹ 299

आर. टेक ऑफ़सेट प्रिंटर्स, दिल्ली-110032 में मुद्रित

वाणी प्रकाशन का लोगो मक़बूल फ़िदा हुसेन की कूची से

मुक्तिबोध की भाषा पर अनगढ़ता का आरोप लगाते समय इस बारे में सोच देखना चाहिए कि जिस तिलिस्मी दुनिया की सृष्टि वे कविता में कर ले जाते हैं वह क्या असमर्थ भाषा से कभी सम्भव है? वस्तुतः 'अँधेरे में' का ख़ौफ़नाक काव्य-संसार समर्थ भाषा की ही सृष्टि है। मुक्तिबोध जब कहते हैं कि "बिम्ब फेंकती वेदना नदियाँ" तो वे एक तरह से उस कवि-कल्पना की ओर भी संकेत करते हैं जो अपनी अजस्र सृजनशीलता में बिम्ब फेंकती चलती है। वस्तुतः कवि की शक्ति कल्पना के उस वेग और विस्तार से मापी जाती है जिसे अंग्रेज़ी में 'स्वीप ऑफ़ इमेजिनेशन' कहते हैं; और कहना न होगा कि 'अँधेरे में' की कल्पना-शक्ति अपने समवर्ती समस्त कवियों में सबसे विकट और विस्तृत है। इसीलिए वे प्रगीतों के युग में भी महाकाव्यात्मक कल्पना के धनी और नाटकीय प्रतिभा के प्रयोगकर्त्ता हैं।

वस्तुतः मुक्तिबोध की अभिव्यक्ति की अर्थवत्ता फुटकल शब्द-प्रयोगों से नहीं आँकी जा सकती और न दो-चार बिम्बों अथवा भाव-चित्रों से मापी जा सकती है। उनकी अभिव्यक्ति की गरिमा का पता उस विराट बिम्ब-लोक से चलता है जो 'अँधेरे में' जैसी महाकाव्यात्मक कविता अपनी समग्रता में प्रस्तुत करती है।

भूमिका

आधुनिक कविता की चर्चा के केन्द्र में नामवर सिंह ने मुक्तिबोध की कविता और उनके सौन्दर्य-चिन्तन को रखा है। हमें लगता है कि यह उनकी दीर्घदृष्टि थी। मुक्तिबोध के जीवन काल में ही उनकी रचनाएँ चर्चा में रही हैं। इसमें नामवर सिंह की भी भूमिका है। इस पुस्तक का दूसरा लेख सन् 1958 में प्रकाशित हुआ था। इसमें नामवर सिंह ने कुछ महत्त्वपूर्ण बातें कही हैं। मुक्तिबोध की कविता में आत्म-संघर्ष की जो अगाधता मिलती है उसे सिर्फ़ एक कविता-प्रवृत्ति के रूप में न देखकर नामवर सिंह ने आधुनिक कविता के सौन्दर्य-प्रतिमान के रूप में देखा है। वे लिखते हैं—"आत्म-संघर्ष के द्वारा कविता हमारे एकान्त क्षणों की सहचरी बन गयी। वह हमारी 'अपनी' कविता हो गयी। इससे कविता को 'निजता' प्राप्त हुई...परन्तु यहाँ यह स्पष्ट कर देना ज़रूरी है कि आत्मीयता या निजता कविता का साध्य नहीं हो सकती, क्योंकि अन्ततः कविता कोई निजी वस्तु नहीं है। आत्म-संघर्ष की कविता अनिवार्यतः निजी नहीं होती।" (आत्म-संघर्ष के कवि : गजानन माधव मुक्तिबोध) नामवर सिंह ने आत्म-संघर्ष को अत्यधिक व्यापक परिप्रेक्ष्य में देखा है। अतः उनका कहना कि "इस व्यापक जीवन-दृष्टि के कारण ही मुक्तिबोध की 'पीड़ा' आत्मनिष्ठ कवियों के दर्द से कहीं अधिक घनीभूत प्रतीत होती है।" इस तरह परोक्षतः नामवर सिंह आधुनिक कविता को परिभाषित कर रहे थे। आत्म-संघर्ष को वे लोकोन्मुखता तक ले जाते हैं। यह लोकोन्मुखता उनके अनुसार कविता की ज़मीन है। नामवर सिंह की तरह समकालीन कवियों ने भी इसी ज़मीन की तलाश की जिससे समकालीन कविता की प्रमेय-सम्भावना प्रासंगिक होती गयी है। मुक्तिबोध आधुनिक कविता के केन्द्रीय कवि हैं,

लेकिन वे अपनी परिधि से मुक्त होकर व्यापक क्षितिज को निरन्तर खोजते रहे। इस खोज के सन्दर्भ में ही मुक्तिबोध कविता को 'कालयात्री' कहते हैं जिसे नामवर सिंह कविता के लोक से जोड़ते हैं।

नामवर सिंह लोक के माध्यम से आत्म-संघर्ष को देखने के इच्छुक हैं। कविता की देसी आधुनिकता की तलाश ही वे कर रहे हैं। यूरोपीय मॉडर्निज़्म के बावजूद आधुनिक हिन्दी कविता ने विशेषकर मुक्तिबोध की कविता ने देसी आधुनिकता को अन्वेषित किया है। कविता में यह अन्वेषण निरन्तर ज़ारी रहा। समकालीन कविता में यह प्रवृत्ति अपनी पूर्णता में दृष्टिगत होती है। अतः कहा जा सकता है कि नामवर सिंह मुक्तिबोध के बहाने आधुनिक एवं समकालीन हिन्दी कविता को सही मायने में परिभाषित कर रहे हैं।

एक कवि—मुक्तिबोध—समय के निहितार्थों को अपनी कविता में तथा अपनी चिन्तन पद्धति में दर्ज करते जा रहे हैं। एक समीक्षक—नामवर सिंह—उन निहितार्थों के व्यापक परिदृश्य का संस्कृति-पाठ प्रस्तुत कर रहे हैं। इसलिए नामवर सिंह लिखते हैं—"मैंने हमेशा कहा है, 'फासिस्म' के फैलते ख़ूनी पंजों को मुक्तिबोध पहले ही देख चुके हैं" (महाकाव्यात्मक आख्यान कविता : 'अँधेरे में'—महावीर अग्रवाल का नामवर सिंह के साथ संवाद)।

यह पुस्तक एक सहयोगी प्रयास है। मैंने और नामवर सिंह के बेटे श्री विजय प्रकाश सिंह ने मिलकर इसका सम्पादन कार्य किया है। श्री महावीर अग्रवाल जी (सम्पादक : सापेक्ष) की उदारता और सौमनस्य के कारण हमें कुछ साक्षात्कार मिले हैं जो समय-समय पर श्री महावीर अग्रवाल जी ने अपने अथक परिश्रम से पूरे किये हैं। उनके प्रति हमारा विनत नमन।

वाणी प्रकाशन के बन्धुवर श्री अरुण माहेश्वरी जी के प्रति हम आभार व्यक्त करना चाहते हैं कि एक महत्त्वपूर्ण पुस्तक का संकलन-सम्पादन कार्य हमें सौंप दिया।

इस पुस्तक में एक वरिष्ठ समीक्षक का अन्वेषण है और एक महत्त्वपूर्ण कवि का त्वरित अन्वेषण भी है। इसे हिन्दी पाठक समाज के समक्ष हम हर्ष के साथ प्रस्तुत कर रहे हैं।

विजय प्रकाश सिंह

ए. अरविंदाक्षन

आलोचना

त्रैमासिक

[illegible]
E-mail : [illegible]

'अंधेरे में' कविता हमारे सामने है। यह बताती है कि 'फासीवाद' के संकट को मुक्तिबोध ने पाँच-छह दशक पहले ही देख लिया था जो 'भारत' अंधेरे में दिखती थी, वह अब दिन-दहाड़े दिखती है। हर-बार होने वाली साम्प्रदायिक घटना के साथ इतिहास का संघर्ष एक जाल-सा फैलाता है जिसमें हम सभी लोग फंस जाते हैं। जाल से बाहर निकलने की तरकीब और दूर-दृष्टि जिस कवि या कहानीकार में मिल सकती है वह मुक्तिबोध हैं। सामाजिक जीवन में व्यक्ति-चेतना की रंगाकृति को उकेरता हुआ काल के कई सूत्रों को एक साथ आयाम देता है। बेचैन मुक्तिबोध की सघन चेतना में हृदय-स्पर्शी अपील की अनुगूंज है।

[illegible]

२०/२/2015

अनुक्रम

गजानन माधव मुक्तिबोध

मुक्तिबोध. नयी कविता के पाठकों के बीच, पूर्वपरिचित तो हैं, लेकिन लोकप्रिय नहीं हैं; क्योंकि उनकी कविताएँ अक्सर लम्बी होती हैं, उलझी दिखाई पड़ती हैं और बौद्धिक लगती हैं। इधर पाठक हैं कि उन्हें कविता के साथ माथापच्ची करने का अभ्यास नहीं है। लिहाज़ा, नये कवियों में लोकप्रिय प्रायः वही हैं जो छोटी कविताएँ लिखते हैं और वह भी ऐसी कविताएँ जिनमें दो-चार ताज़ा चित्र हों या एक तीव्र भावना हो! 'केसर रंग रँगे वन' और 'नवम्बर की गुनगुनी धूप' इन्द्रियों को तुरन्त प्रभावित करती हैं; और ऐसी कविताएँ बहुत सफल समझी जाती हैं। निस्सन्देह इस दिशा में प्रयोग करने वालों को सफलता जल्दी मिलती है और देखते-देखते अनेक नये कवि लोकप्रिय हो उठे हैं।

बात यह है कि ऐसे युग में जहाँ मान्यताएँ विवादग्रस्त और अनिश्चित हों, ऐन्द्रिय विषय ही निश्चित हैं और इन्हीं का यथातथा चित्रण सम्भव भी है। यही वजह है कि आज के अधिकांश किशोर तथा किशोर-मति कवि प्राकृतिक चित्रों की खोज में विकल हैं। झंझटों से बच निकलने का यह आसान तरीक़ा है : समाज से कम झंझट प्रकृति में है और प्रकृति में भी इन्द्रियग्राह्य प्रभावों के चित्रण में सबसे कम झंझट है।

मुक्तिबोध उन कवियों में से हैं, जिन्होंने सफलता का यह सरल पथ छोड़कर इस युग की उलझनों में जानबूझकर अपने को डाला है। उन्होंने एक मुश्किल काम अपने हाथ में लिया है। उनकी कविताओं का केन्द्रीय विषय है : आज के व्यक्ति-मन का अन्तर्द्वन्द्व। सामाजिक अन्तर्द्वन्द्व की जो छाया व्यक्ति के जागरूक मन में प्रतिबिम्बित हो रही है, उसी के मार्मिक

चित्रण का प्रयास मुक्तिबोध ने बार-बार किया है। इस तरह मुक्तिबोध आत्मविश्लेषण के माध्यम से इस युग के सामाजिक संघर्ष को समझना चाहते हैं। उनकी कविता में इसी आत्म-संघर्ष से छिटकी हुई चिनगारियों की चित्र-शृंखला मिलती है।

अंग्रेज़ कवि डब्ल्यू.बी. येट्स ने कहीं लिखा है कि जब हम अपने से बाहर संघर्ष करते हैं तो कथा-साहित्य की सृष्टि होती है और अपने-आपसे लड़ते हैं तो गीतकाव्य की। अपने-आपसे लड़ने पर जो गीतकाव्य पैदा होता है, वह निस्सन्देह छायावादी गीत नहीं, बल्कि आज की कविता का गीत है। लेकिन एक तीसरी भी स्थिति होती है जब हम अपने-आपसे लड़ते हुए बाहरी स्थिति से भी लड़ने की कोशिश करते हैं और एक विशेष प्रकार की 'लम्बी कविताएँ' पैदा होती हैं, जो आधुनिक कविता की सबसे बड़ी उपलब्धि है। निराला की 'राम की शक्ति-पूजा', 'सरोज-स्मृति' आदि लम्बी कविताएँ इसी प्रकार के संघर्ष से उत्पन्न हुई हैं। मुक्तिबोध की लम्बी कविताएँ उसी परम्परा में आती हैं।

इस प्रकार का संघर्षशील कवि अनिवार्यतः भावुकता से कुछ दूर निकल जाता है; उसमें सम्भवतः निःसंगता सी है; उन्मथित भाव विचार की सीमाएँ छूने लगते हैं; अनेक छोटी-छोटी भावनाएँ कार्य-कारण परम्परा में गूँथ कर शृंखलाबद्ध हो उठती हैं जिनकी अभिव्यक्ति के लिए विशेष प्रकार के 'बौद्धिक' व्यापार की आवश्यकता पड़ती है। आलोचकों ने सामान्यतः ऐसी कविताओं को बौद्धिक कहा है जो निश्चय ही अचिन्तित प्रयोग है। अचिन्तित इसलिए कि जो लोग आज नये कवियों को 'बौद्धिक' कह रहे हैं, वही एक समय छायावादी निराला को भी बौद्धिक कहते थे। तीव्र संवेदनाओं के कवि निराला को जो बौद्धिक कहे, कम-से-कम उस आलोचक को तो हम बौद्धिक नहीं कह सकते!

यहाँ इलियट का यह विचार युक्तिसंगत प्रतीत होता है कि 'बौद्धिक' और 'चिन्तक' कवि में अन्तर करना चाहिए। निराला की तरह ही मुक्तिबोध भी 'चिन्तक' कवि हैं; 'बौद्धिक' कवि के उदाहरण नये कवियों में प्रभाकर माचवे हैं। प्रसंगात् यहाँ यह संकेत कर देना आवश्यक प्रतीत होता है कि भावुकता वाले कवि ज्योंही गम्भीर होने का प्रयत्न करते हैं,

चिन्तक न होकर प्रायः 'बौद्धिक' ही हो पाते हैं। छायावादी कवियों में आगे चलकर पन्तजी और प्रयोगशील कवियों में गिरिजाकुमार माथुर तथा भारती वगैरह की तथाकथित गम्भीर कविताओं में इस बौद्धिकता के दर्शन हो सकते हैं।

संक्षेप में यहाँ मुक्तिबोध की केवल रचना-प्रक्रिया का विश्लेषण किया गया है, जिससे उनकी उपलब्धियों पर विचार करने के लिए उचित मानदण्ड का निर्माण हो सके। उनकी उपलब्धियों पर विचार करने की यह जगह नहीं है। संकेतस्वरूप मैं केवल यही कह सकता हूँ कि मुक्तिबोध उन कवियों में से हैं जो अपने युग के सफल कवि नहीं, बल्कि सार्थक कवि कहलाने योग्य होते हैं और कभी-कभी सार्थकता सफलता से श्रेयस्कर होती है।

('कवि' (सम्पादक : विष्णुचन्द्र शर्मा) के 1957 के अंक में
'विशिष्ट कवि' स्तम्भ के अन्तर्गत प्रकाशित टिप्पणी)
यह लेख नामवर सिंह की पुस्तक "पूर्वरंग" जो 2018 में
प्रकाशित हुई है उसमें भी प्रकाशित है।)

आत्म-संघर्ष के कवि : गजानन माधव मुक्तिबोध

जो अपने आपको पूरे परिवेश के सन्दर्भ में जानने-समझने-खोजने और पाने की ईमानदार कोशिश कर रहे हैं उनके लिए नये कवियों में यदि कोई एकदम 'अपना कवि' है, तो गजानन माधव मुक्तिबोध।

सवाल यह है कि आज कितने लोग कविता को इतने गहरे-गम्भीर रूप में ग्रहण करने को प्रस्तुत हैं? एक लम्बे अरसे तक कविता आनन्दित और आह्लादित करने की वस्तु समझी जाती रही है। और कुछ कवि तथा अनेक पाठक आज भी इस परम्परा को निभाये चल रहे हैं। यहाँ तक कि जीवन को गम्भीरता से ग्रहण करने वाले चिन्तनशील लोगों ने भी कविता को 'सुकुमार' कला ही समझा है। अपने आपको जानने का सवाल प्रायः दर्शन का ही विषय माना जाता रहा है। (यह दूसरी बात है कि दर्शन के इतिहास में ऐसे अनेक युग आये हैं जब इस आदि प्रश्न को छोड़कर सारी मनीषा किसी गौण प्रश्न में ही उलझी रह गयी!) परन्तु दर्शन के इस आदि प्रश्न को कविता के क्षेत्र में आज सम्भवतः पहली बार उठाया गया है। 'अन्वेषण' के उद्‌घाटन से नयी कविता का आरम्भ होना आकस्मिक नहीं है।

निस्सन्देह, आरम्भ में 'अन्वेषण' का अर्थ प्रायः कविता में रूप-सम्बन्धी अन्वेषण ही लिया गया, परन्तु जागरूक कवियों को इस बारे में कोई भ्रम नहीं था। अन्वेषण से उनका तात्पर्य अपने व्यक्तित्व के अन्वेषण से ही रहा है और अभिव्यक्तिगत अन्वेषण उस बुनियादी अन्वेषण का ही एक पहलू है! 'तार सप्तक' युग में मुक्तिबोध ने जब लिखा था कि–

क्यों न विद्रोही बनें ये प्राण जो
सतत अन्वेषी सदा प्रद्योत हैं!

तो स्पष्ट ही उनके 'सतत अन्वेषी प्राण' अभिव्यक्ति की अपेक्षा अपने व्यक्ति को खोज रहे थे।

हो सकता है कि पिछले युगों के काव्य-प्रयत्न भी अपने आपको जानने की दिशा में हुए हों, किन्तु सचेत भाव से यह प्रश्न तथाकथित प्रयोगशील कविता में ही उठाया गया, और किसी प्रश्न के प्रति सचेत हो जाना अथवा सचेत रूप से किसी प्रश्न को उठाना अपने आप में नया प्रयत्न है—नये मोड़ का सूचक है। जिस प्रकार किसी वस्तु को जानना एक बात है और यही जानना कि मैं जानता हूँ बिल्कुल दूसरी बात, उसी तरह आत्मबोध सम्बन्धी अचेत और सचेत प्रयत्नों में भी अन्तर है। तात्पर्य यह कि कविता के क्षेत्र में सचेत रूप से अपने आपको जानने-समझने-खोजने और पाने की कोशिश करना अपने आपमें बहुत महत्त्वपूर्ण है, बल्कि यों कहें कि कविता के क्षेत्र में यह एक नयी प्रवृत्ति है।

आत्मबोध की इस प्रवृत्ति ने कविता में अनेक भाव स्थितियों को जन्म दिया है, इसलिए इसे केवल विचार या जीवन दृष्टिमात्र समझना भूल होगी। इसलिए इसे हम एक नया भावबोध भी कह सकते हैं : 'नया' इसलिए कि इसका समावेश काव्यशास्त्र में परिगणित स्थायी तथा संचारी भावों के ढाँचे में नहीं हो सकता। जीवन-दृष्टि के परिवर्तन के साथ अन्तर्वृत्तियों के 'पैटर्न' में परिवर्तन अनिवार्य है और कहना न होगा कि आत्मबोध की प्रवृत्ति ने हमारी अन्तर्वृत्तियों का 'पैटर्न' काफ़ी बदल दिया है।

इस परिवर्तन की ऐतिहासिक सार्थकता का विचार एक दूसरे स्तर पर भी किया जा सकता है। माना कि आत्मबोध और जगद्बोध का विचार काफ़ी पुराना है, किन्तु हर सामाजिक परिवर्तन के साथ एक नये सन्दर्भ में बार-बार इस प्रश्न को उठाने की आवश्यकता महसूस होती है। सामाजिक परिवर्तन के साथ समाज की इकाइयों का गठन बदलता है। पुरानी संस्थाएँ टूटती हैं। नयी संस्थाएँ पैदा होती हैं। जो पुरानी संस्थाएँ बच जाती हैं उनका भी ढाँचा बदल जाता है। व्यक्ति-व्यक्ति के बीच के आपसी सम्बन्ध बदल जाते हैं। परन्तु उसी क्रम से व्यक्ति के भावों और विचारों में परिवर्तन नहीं होता। लिहाज़ा परिस्थितियों के साथ मन का मेल मिलाने में कठिनाई होती है। निस्सन्देह वे लोग धन्य हैं जिनका मन परिस्थितियों के बदलने के साथ

ही अपने आप बदल जाता है। परन्तु सच्चाई यह है कि बहुत से लोग अपने पूर्ववर्ती भावों और विचारों से ही चिपके रहते हैं। अपने संस्कारों से संघर्ष करने वाले जागरूक व्यक्ति बहुत थोड़े होते हैं। अपने परिवेश के बीच अपने आपको जानने की कोशिश ऐसे ही जागरूक व्यक्ति करते हैं। अपने आपको जो परिवेश का एक हिस्सा समझते हैं और जो उसे बदलने में भी हिस्सा लेते हैं, उनके लिए अपने आपको जानने का प्रश्न सबसे महत्त्वपूर्ण होता है। उनकी ईमानदारी बार-बार आत्म-समीक्षा के लिए विवश करती है और इस प्रकार व्यक्ति और समाज के पारस्परिक सम्बन्धों के पुनर्गठन का प्रश्न एक नये सन्दर्भ में प्रायः उठा करता है। यह एक ऐतिहासिक आवश्यकता है। इसलिए समय आने पर जो साहित्यकार या विचारक इस प्रश्न को उठाता है वह इतिहास का कार्य करता है।

पहला सवाल प्रश्न को ठीक ढंग से उठाने का ही है। शुरुआत हमेशा मुश्किल होती है और इसीलिए महत्त्वपूर्ण भी। इसलिए सवाल यह है आप शुरू कहाँ से करते हैं? किस ओर से शुरू करते हैं? सारी समस्याएँ तो मिल-जुलकर एक ग्लोब हैं और उसके केन्द्र का पता लगाने के लिए कहीं भी सूई चुभाई जा सकती है, फिर भी ठीक बिन्दु की तलाश कर लेना ज़्यादा बुद्धिमानी है। इसीलिए सवाल की शुरुआत महत्त्वपूर्ण होती है।

विचारकों ने विचार अपने आप से भी शुरू किया है और समाज की ओर से भी। सन् 1936 के बाद हमारे साहित्य में यह विचार समाज की ओर से शुरू किया गया। छायावाद की व्यक्तिवादी कविता की सम्भवतः स्वाभाविक प्रतिक्रिया यही थी। 'विशाल भारत' में उठाया हुआ 'कस्मै देवाय?' प्रश्न इस प्रवृत्ति का सूचक है। परन्तु समाज की ओर से उठा हुआ यह प्रश्न समाज के 'सामान्य' रूप के ही इर्द-गिर्द चक्कर लगाकर रह गया। 'सामान्य' के सामने 'विशेष' की ओर ध्यान ही नहीं गया। लिहाज़ा सारी चर्चा हवाई रह गयी। एक प्रकार के झूठे आदर्शवाद ने उसे ग्रस लिया। सार्वजनिक उत्साह में लोग यह भूल ही गये कि जिस सजीव इकाई को बदलना है, वह बहुत नाज़ुक है। समाज की बात तो बहुत की जाती थी लेकिन अपनी बात करने को कोई तैयार नहीं था। निगाहें दूसरों पर ही थीं, अपने अन्दर नहीं गयीं। ऐसे जगद्‌बोध के बीच आत्मबोध का प्रश्न

उठाना इतिहास की आवश्यकता थी। आवश्यकता अपनी ओर से शुरू करने की थी। ईमानदारी की भी यही माँग थी और वास्तविकता की भी। ऐसे समय 'अन्वेषी' कवियों ने इस प्रश्न को उपस्थित करके ऐतिहासिक कार्य किया, उन्होंने कविता को बचा लिया। उत्साह की आँधी में उन्होंने विवेक का परिचय दिया। मुक्तिबोध का नाम इन कवियों में सबसे पहले आता है। और इस ऐतिहासिक सन्दर्भ में उनकी निम्नलिखित पंक्तियों का महत्त्व समझा जा सकता है—

पर उसके मन में बैठा वह जो समझौता कर सका नहीं,
जो हार गया, यद्यपि अपने से लड़ते-लड़ते थका नहीं।

अपने से लड़नेवाले कवि तो इस पीढ़ी में कई हुए, किन्तु 'वह जो समझौता कर सका नहीं' और 'अपने से लड़ते-लड़ते थका नहीं' ऐसा कवि यदि कोई है तो सम्भवतः वह है मुक्तिबोध!

यह 'आत्म-संघर्ष' कविता के क्षेत्र में एकदम नया स्वर है। कविता में नये भाव-बोध तलाश करनेवाले भाव-शास्त्रियों से निवेदन है कि यह 'आत्म-संघर्ष' स्वयं एक नया भाव है, जिसकी गणना पुराने रस-शास्त्र में नहीं की गयी है। आत्म-संघर्ष केवल 'भावसन्धि' या 'भाव-शबलता' नहीं है और सामान्य रूप से यदि ऐसी प्रतीति भी हो तो विशेष रूप में यह अधिक जटिल है क्योंकि इसमें आधुनिक मानव-मन की जटिलताएँ हैं।

कविता के क्षेत्र में इस 'आत्म-संघर्ष' के महत्त्व को समझने के लिए हम पिछली पीढ़ी की छायावादी कविता की 'भावुकता' का स्मरण कर सकते हैं। छायावाद यदि भावोच्छ्वास से शुरू हुआ तो तथाकथित प्रयोगवाद 'आत्म-संघर्ष' से। छायावादी भावोच्छ्वास और प्रयोगवादी आत्म-संघर्ष की तुलना करते समय निस्सन्देह निराला की 'तुलसीदास', 'राम की शक्ति-पूजा', 'सरोज-स्मृति' तथा प्रसाद की 'कामायनी' को नज़रअन्दाज़ करना अति सरलीकरण होगा। किन्तु एक तो ये सभी रचनाएँ छायावाद के अन्तिम दिनों की हैं, दूसरे इनके अन्तर्द्वन्द्व का रूप भी दूसरा है, अर्थात् उस अन्तर्द्वन्द्व का ऐतिहासिक सन्दर्भ भिन्न है। वस्तुतः छायावाद की ये प्रतिवर्ती रचनाएँ प्रगति-प्रयोग युग के आत्म-संघर्ष की पूर्ण पीठिका हैं। तात्पर्य यह कि व्यक्ति और उसके परिवेश को लेकर

आत्म-संघर्ष का आरम्भ कवि के मन में सन् 1936 के आस-पास ही शुरू हो गया था परन्तु वह आत्म-संघर्ष जिस स्तर पर था वहाँ संघर्ष की वह तीव्रता नहीं थी जो बाद की कविता में दिखाई पड़ती है। सम्भवतः इसीलिए छायावाद की उन कविताओं में आत्म-संघर्ष का स्वर बहुत उभरकर व्यक्त नहीं हुआ है। आदर्शवाद का कवच उन्हें घेरे हुए है और यह आदर्शवाद आरम्भिक भावुकता का ही दूसरा रूप है।

कविता के लिए इस आत्म-संघर्ष की पहली महत्त्वपूर्ण देन यह है कि इसने कविता को आत्मीयता प्रदान की। प्रगतिवादी आन्दोलन की कविता बहुत कुछ 'सार्वजनिक' या 'सामाजिक' थी। आत्म-संघर्ष के द्वारा कविता हमारे एकान्त क्षणों की सहचरी बन गयी। वह हमारी 'अपनी' कविता हो गयी। इससे कविता को 'निजता' प्राप्त हुई। पिछली पीढ़ी की जो कविता एक साथ ही सबकी थी (इसलिए किसी की नहीं थी) वह 'एक' की और सम्भवतः अनेक एक-एक की कविता हो गयी। समय-समय पर इसी ढंग से कविता को पुनर्जीवित किया जाता है। इस सदी के आरम्भ में जब कविता पर उपदेश-कुशल होने के सार्वजनिक कार्य में व्यस्त थी तो छायावादी कवियों ने इसी प्रकार आत्म-निवेदन के भावुक साधनों द्वारा कविता को आत्मीय बनाया था। आत्म-संघर्ष की कविता इसी अर्थ में निजी कविता है और इस दृष्टि से मुक्तिबोध की कविता को 'निजी कविता' कहा जा सकता है।

परन्तु यहाँ यह स्पष्ट कर देना ज़रूरी है कि आत्मीयता या निजता कविता का साध्य नहीं हो सकती, क्योंकि अन्ततः कविता कोई निजी वस्तु नहीं है। आत्म-संघर्ष की कविता अनिवार्यतः निजी नहीं होती। ऐसी भी कविताएँ निजी होती हैं तथा हो सकती हैं जिनमें आत्म-संघर्ष बिल्कुल न हो। नयी कविता पर प्रायः आरोप के रूप में कहा जाता है कि यह बहुत कुछ निजी कविता है और इस आरोप में एक हद तक सच्चाई है। प्रेम की अनेक ऐसी अनुभूतियों को इधर कविता में व्यक्त किया गया है जो नितान्त निजी हैं। इसके अतिरिक्त भी कुछ ऐसी विक्षिप्त मनःस्थितियों का चित्रण किया गया है, जो असामान्य है और कुछ कवियों ने ऐसी समस्याएँ भी प्रस्तुत की हैं जिनका महत्त्व स्वयं उन कवियों के लिए चाहे जितना हो परन्तु व्यापक समाज के लिए गौण या नगण्य है। स्वयं कवि-कर्म अथवा

रचना-प्रक्रिया कहाँ तक कविता का विषय हो सकती है, इसमें मुझे भारी सन्देह है। शब्द और अर्थ के सम्बन्ध को लेकर लिखी हुई इधर की बहुत-सी कविताएँ कवि के लिए ऐसी ही निजी कविताएँ हैं। इस प्रकार कविता में निजीपन दुधारी तलवार है और आत्म-संघर्ष दो भिन्न दिशाओं की ओर ले जा सकता है। आत्म-संघर्ष अन्तर्मुख भी बनाता है जिसके फलस्वरूप कवि किसी 'मात्र अपने से' ही आत्म-निवेदन करने तक सीमित रह सकता है। वर्तमान परिस्थितियों में इस संकट की आशंका इतनी अधिक है कि मुक्तिबोध की कविताएँ भी कहीं इस छोर को छूने लगती हैं और ऐसा लगता है कि उनकी कविताएँ 'सिद्ध' काव्य की अपेक्षा रचना-प्रक्रिया का ही मार्मिक चित्र है।

परन्तु मुक्तिबोध का आत्म-संघर्ष मुख्यतः लोकोन्मुखी तथा वस्तून्मुखी है और यही वह विशेषता है जो उन्हें अपने समकालीन अनेक आत्मवादी कवियों से अलग करती है। 'तार सप्तक' के कवियों के परवर्ती विकास से यह बात स्पष्ट हो सकती है। 'तार सप्तक' के अनेक कवियों में संशय, सन्देह, प्रश्न, द्वन्द्व और राह खोजने की प्रवृत्ति दिखाई पड़ती है किन्तु अधिकांश का आरम्भिक युयुत्सु-भाव क्रमशः 'दर्द' या 'मौन' में समाहित हो गया। नयी कविता के इतिहास की दृष्टि से यह प्रश्न अत्यन्त महत्त्वपूर्ण है और इसके कारणों की छानबीन होनी चाहिए।

'तार सप्तक' के कवियों में केवल मुक्तिबोध ही हैं जिनमें आज भी 'आत्म-संघर्ष' का बोध जीवन्त है। क्यों? उन्होंने भी रामविलास शर्मा की तरह सुविधानुसार किसी 'आस्था' का वरण करके आत्म-संघर्ष समाप्त क्यों नहीं कर दिया? अज्ञेय की तरह उन्होंने भी आत्म-संघर्ष से ऊबकर किसी दर्द पर आधारित 'आस्था' के सामने घुटने क्यों नहीं टेक दिये? और नहीं तो नेमिचन्द्र जैन की तरह उन्होंने भी मौन क्यों नहीं साध लिया? क्या इसका कारण यह नहीं है कि मुक्तिबोध का आत्म-संघर्ष इन कवियों की अपेक्षा अधिक व्यापक तथा गहरा था?

वस्तुतः लोकोन्मुखी आत्म-संघर्ष ही टिकाऊ होता है। आत्मोन्मुखी आत्म-संघर्ष प्रायः अपने आपको समाप्त कर डालता है। जहाँ 'तार सप्तक' के कवियों ने प्रश्न-सूचक संशय के द्वारा ऐतिहासिक महत्त्व का कार्य किया,

वहाँ थोड़े ही दिनों बाद उन प्रश्नों को जहाँ का तहाँ छोड़ सुविधानुसार अपनी-अपनी अन्तर्गुहाओं में भागकर उन्होंने इतिहास के साथ विश्वासघात किया, सम्भवतः इसका कारण बहुत कुछ उनकी आत्मनिष्ठ जीवन-दृष्टि ही थी।

जिस प्रकार 'वेस्टलैंड' के बाद अपनी कविता एक-दूसरे स्तर पर बचाने के लिए इलियट ने ईसाइयत की आस्था को अपना लिया और अपने ही द्वारा उठाये हुए तमाम सवालों को जहाँ का तहाँ छोड़ दिया, सम्भवतः वैसा ही कार्य 'तार सप्तक' के अधिकांश कवियों ने किया। इस दृष्टि से अज्ञेय का परवर्ती काव्य बहुत दिलचस्प है। 'तार सप्तक' युग तक की रचनाओं का 'इत्यलम्' नाम ही इस बात का सूचक है। 'इत्यलम्' के बाद 'हरी घास पर क्षण भर', 'बाबरा अहेरी', 'इन्द्रधनु रौंदे हुए ये' आदि भाव-संवेदन के एक निचले स्तर पर अपनी कविता को सुरक्षित रखने के सफल प्रयास हैं। आत्म-संघर्ष यहाँ नहीं है, है भी तो केवल प्रणय-क्षेत्र सम्बन्धी, अन्यथा सर्वत्र एक हारे हुए योद्धा का दर्द भरा विश्वास—जो विश्वास से अधिक सन्तोष है—ही प्रतिध्वनित होता है। वैसे 'व्यक्तित्व की खोज' की बात तो वे उसके बाद भी करते रहे, परन्तु वह खोज से अधिक अपने अन्दर टूटे हुए व्यक्तित्व को किसी तरह जोड़ने अथवा उनमें से किसी एक टुकड़े को सुरक्षित रखने की कोशिश है। अपने पूरे परिवेश के बीच अपने व्यक्तित्व के पुनर्निर्माण का प्रयत्न यहाँ नहीं है।

मुक्तिबोध के समस्त काव्य-प्रयास पर विचार करने के लिए इस ऐतिहासिक पृष्ठभूमि को स्पष्ट करना आवश्यक है। सामाजिक परिवेश के बीच अपने व्यक्तित्व के पुनर्निर्माण का जो प्रश्न मुक्तिबोध ने 'तार सप्तक' युग में उठाया था, उसे वे आगे भी निभाते रहे और जीवन के हर पल, हर क्षण वे इस प्रश्न को लेकर अपने आपसे लड़ते रहे हैं। 'सहर्ष स्वीकारा है', 'डूबता चाँद कब डूबेगा' (संकेत), 'चाँद का मुँह टेढ़ा है' (विविधा), 'मेरे सहचर मित्र' (निकष 3-4), 'कल जो हमने चर्चा की थी' (हंस : अर्धवार्षिक संकलन) आदि कविताएँ इस संघर्ष की विभिन्न मंजिल हैं।

(2)

नयी कविता यदि द्वन्द्व से पैदा हुई है तो मुक्तिबोध इस ऐतिहासिक द्वन्द्व के प्रतिनिधि कवि हैं। द्वन्द्व को उन्होंने ऐतिहासिक आवश्यकता समझकर स्वीकार किया है, इसलिए उन्होंने अपनी कविता के लिए सम्पूर्ण वास्तविकता को आत्मसात् करने का प्रयत्न किया है।

जीवन में जो कुछ है, जो भी है सहर्ष स्वीकारा है,
इसलिए कि जो कुछ भी मेरा है वह तुम्हें प्यारा है।

निषेधों के इस युग में स्वीकार का यह बोध यों भी बहुत बड़ी बात है, परन्तु अनुभव और विश्लेषण के लिए सब कुछ को स्वीकार करना उससे भी बड़ी बात है। इसका मतलब है कि मुक्तिबोध जीवन को उसकी सम्पूर्णता में देखते हैं। खण्ड-दृष्टि उनकी नहीं है। वे क्षणों के कवि नहीं हैं और न ही हैं खण्डों के। उनके लिए "जीवन में हर पहलू, दूसरे पक्ष का अविच्छिन्न अंग है, वे परस्पर समाविष्ट हैं, परस्पर-प्रविष्ट। वैचारिक सुविधा की दृष्टि से ही एक-दूसरे से अलगाये जाते हैं। ऐसी वैचारिक सुविधा जीवन पर थोपना ठीक नहीं है।" (साहित्यिक की डायरी, वसुधा, अक्टूबर '57) 'वसुधा' के ही अगले अंक की डायरी में वे लिखते हैं कि "मैं जिस दुनिया में प्रवेश करता हूँ, वह स्वप्नकथा का ही रूप है। वह एक विशाल उपन्यास है। वह एक चित्रकथा है। उसमें कितने ही मनोहर और सुकुमार, भयंकर और विषादपूर्ण दृश्य हैं। अगर मैं अपनी तात्कालिक जीवनगाथा के प्रसंग उठाकर लिखूँ तो भी बहुत कुछ हो सकता है।"

मुक्तिबोध के ये विचार आकांक्षा भर नहीं हैं बल्कि उनकी किसी भी कविता में विशाल जीवन के इन घने सम्बन्ध-सूत्रों को देखा जा सकता है। उनके लिए प्रेम की व्यक्तिगत अनुभूति भी असंख्य सामाजिक कारण-कार्य परम्परा की एक कड़ी है, इसलिए परिवेश का यह सतत बोध उनकी छोटी-से-छोटी अनुभूति को भी घनत्व प्रदान कर देता है। 'सहर्ष स्वीकारा है' सम्भवतः मुक्तिबोध की सबसे छोटी कविता, बल्कि गीत है। उस गीत के इस एक टुकड़े से अनुभूति के घनत्व का आभास मिल सकता है।

गरबीली गरीबी यह, ये गँभीर अनुभव सब
यह विचार वैभव सब,
दृढ़ता यह, भीतर की सरिता यह, अभिनव सब
मौलिक है, मौलिक है,
इसलिए कि पल पल में
जो कुछ भी जाग्रत् है, अपलक है–
संवेदन तुम्हारा है।

जीवन के विविध सम्बन्ध-सूत्रों से मुक्तिबोध की दृष्टि एक क्षण के लिए भी ओझल नहीं होती, इसका प्रमाण है उनकी कविताओं में प्रायः आनेवाला 'बरगद' का प्रतीक। सैकड़ों बरोहोंवाला यह जटिल वृक्ष वस्तुतः मुक्तिबोध के काव्य का प्रतीक बन गया है और उनकी कविताओं के बारे में जब भी सोचता हूँ तो मेरे सामने जटिल बरगद का पेड़ खड़ा हो जाता है। अनुभवों की जटिलता का इससे समर्थ प्रतीक और क्या होगा?

अनुभूतियों की जटिलता के साथ ही मुक्तिबोध की कविता में संवेदनाओं की तीव्रता भी है और उस वृक्ष के प्रतीक को आगे बढ़ाते हुए वे कहते हैं–

अन्तर के तरु की शाखा-शाखा पर
प्रतिपल
चाकू से काट-काट, चित्रित करती हैं
गहरा संवेदन।

इस प्रकार जीवन की जटिलता और गहनता के अनेक प्रतीक मुक्तिबोध की रचनाओं में प्रायः आते हैं। जीवन की गहराई का पता देने के लिए कुछ पनडुब्बे कवि इधर सागर से मोती निकालने का प्रतीक अपनाते दिखाई पड़ते हैं किन्तु मुक्तिबोध जिस गहराई में उतरने का अनुभव करते हैं, वह पृथ्वी के अन्दर ज्वालामुखी का गर्भ है जिसमें 'जीवन की सच्चाई के स्तर, सही बात के चौड़े पत्थर, ज़हरीली गैसें और अंगारी रस गंगा' की प्राप्ति होती है।

इस व्यापक जीवन-दृष्टि के कारण ही मुक्तिबोध की 'पीड़ा' आत्मनिष्ठ कवियों के दर्द से कहीं अधिक घनीभूत प्रतीत होती है। जिस मन में बरगद की सैकड़ों शाखाओं से उलझे हुए भाव और विचार हैं तथा जिसके सीने

पर एक-एक अक्षर खोदे गये हैं, उसकी 'छाती में मधुमक्खी का छत्ता फैला है' जिनमें दंशतत्परा मधुमक्खियों के दल-के-दल भरे हैं और इस प्रकार 'छाती मधुपूरित अनगिनत छेदों का जाल' हो गयी है। दर्दवादियों की अपेक्षा मुक्तिबोध की पीड़ा घनी ही नहीं तेजस्विनी भी है। 'कल जो हमने चर्चा की थी' के अनुसार मुक्तिबोध की पीड़ा 'सूर्यकन्या' है और पृथ्वी के भीतर ज्वालामुखी की तरह रहती है, साथ ही वह 'भव्य कर्मनिष्ठा जन-जन्या' भी है। इस पीड़ा में इतनी शक्ति इसलिए है कि वह नितान्त वैयक्तिक नहीं बल्कि 'ऐतिहासिकी' है—

ऐतिहासिकी पीड़ाओं के उन सत्यों की बातें की थीं,
कल जो हमने बात-बात में रातें की थीं।

पीड़ा-बोध के साथ प्रायः कटुता का उदय होता है, जो कविता को प्रायः रसाभास बना देता है। मुक्तिबोध की पीड़ा की आग और धुआँ दोनों ही चन्दन हैं क्योंकि जीवन के प्रति उनका दृष्टिकोण स्वीकार का है—

मैंने छोटे निज जीवन में
जी ली हैं अनगिन ज़िन्दगियाँ
ज़िन्दगी हरेक...
प्रज्वलित चन्दन का ईंधन,
मेरी धमनी में जलते चन्दन का धुआँ।

ये संवेदन और ये अनुभूतियाँ कविता की निस्सन्देह महत्त्वपूर्ण उपलब्धियाँ हैं किन्तु नयी कविता की सत्यनिष्ठता ने इन्हें आवश्यकता से अधिक महत्त्व दे डाला है। कवि-कर्म मनःस्थिति चित्रण तक सीमित नहीं है। बल्कि कहानी उपन्यास की भाँति वस्तुस्थिति-चित्रण भी उसका लक्ष्य होना चाहिए। बिम्ब-प्रतिमा का विधान सम्भवतः इसी क्षति की पूर्ति के लिए किया गया है। अनुभूति-विशेष के लिए जब हम वस्तुजगत से कोई बिम्ब चुनते हैं तो कविता में आकर वह बिम्ब उस अनुभूति-विशेष के अतिरिक्त वस्तुजगत की भी झाँकी दिखाता है। इस प्रकार बिम्बों के साथ अनायास ही वस्तुस्थितियाँ भी लिपटी चली आती हैं। इसलिए किसी कवि के वस्तुस्थिति के ज्ञान का पता उसके बिम्बों के कोष से लगाया जाता है।

इस दृष्टि से नये कवियों में मुक्तिबोध का बिम्ब-कोष सबसे समृद्ध कहा जा सकता है। यही नहीं बल्कि उनके बिम्ब विज्ञान युग की वास्तविकता से लिये जाने के कारण आधुनिक भी हैं। परन्तु नौसिखिए कवियों की तरह उन्होंने वैज्ञानिक बिम्बों का प्रयोग असमंजस या अनगढ़ रूप में कहीं नहीं किया है। ज्यामिति, गणित, ज्योतिष, रसायन-शास्त्र, भूगर्भ-शास्त्र आदि की स्थापनाओं द्वारा उन्होंने कविता में संवेदनों की अभिव्यक्ति का विस्तार किया है। कहीं पीड़ा की तीव्रता जताने के लिए–

पीड़ा भरे विचारों की जल-मुर्ग
मछलियों की उछाल
बेचैन कोण जब बना रही।
और कहीं
मैं स्याह-चन्द्र का फ़्यूज बल्ब
जल्दी निकाल
पावन-प्रकाश का प्राण बल्ब वह
लगा सकूँ
जो बल्ब तुम्हीं ने श्रमपूर्वक तैयार किया
विक्षुब्ध ज़िन्दगी की अपनी
वैज्ञानिक प्रयोगशाला में।

वैज्ञानिक बिम्बों के अतिरिक्त मुक्तिबोध ने धड़ल्ले से पौराणिक कथाओं का भी प्रतीकवत् प्रयोग किया है 'डूबता चाँद, कब डूबेगा' कविता में इन पौराणिक बिम्बों का प्रयोग प्रचुर है।

इतनी जटिलता, सघनता और विविधता के बीच बहुत पैनी निगाह और आन्तरिक दृढ़ता की अपेक्षा रहती है और यह देखकर प्रसन्नता होती है कि मुक्तिबोध इसके लिए सतत प्रयत्नशील हैं। उनके 'बरगद' के ऊपर प्रायः तेज आँखोंवाला 'घुग्घू' बैठा रहता है, जो भीतर-ही-भीतर डरता तो रहता है परन्तु अपनी दृष्टि से बचकर किसी चीज़ को जाने नहीं देता। इसी तरह ज़िन्दगी के डबरे में भी मुक्तिबोध को चमकते हुए सूरज का प्रतिबिम्ब दिखाई पड़ता है। वे दोनों ही बिम्ब मुक्तिबोध की कविता में प्रायः आते रहते हैं। यह सूरज कवि की दृष्टि का प्रकाश है और आत्मा की उष्णता है!

मुक्तिबोध का समस्त काव्य इस पावन आलोक से आलोकित है। संवेदनों और अनुभूतियों को चिन्तन की आँच में तपाने के बाद जैसी-जैसी परिपक्व कविता हो सकती है, वही मुक्तिबोध की वाणी है।

(3)

परन्तु इतना समर्थ कवि बीस वर्षों की काव्य-साधना के बाद भी सहृदयों में प्रिय नहीं हो सका। यह प्रश्न मेरे मन में बराबर उठता रहा और बार-बार विचार काव्य-शिल्प पर जाकर अटक जाता है। मुक्तिबोध की अधिकांश कविताएँ आत्म-संवाद शैली में लिखी गयी हैं। अपनी बात कहने के लिए प्रायः वे अपने भीतर के ही दूसरे खण्ड को सामने रख लेते हैं और आत्मा के उस मित्र को सम्बोधित करते हुए तमाम बातें सुना जाते हैं। नाटकीयता के अभाव में यह शैली एक प्रकार विरक्ति कर एकरसता उत्पन्न करती है और अब तो लगता है कि मुक्तिबोध अत्यधिक अन्तर्मुखता के कारण इस काव्य-शिल्प में बँध से गये हैं।

इसी प्रकार मुक्तिबोध की लय भी एक ही है वही प्रलम्बित वाक्य विन्यास वाली दमतोड़ लय! लय की दृष्टि से प्रयोगशील कवियों में मुक्तिबोध ही ऐसे हैं जिन्होंने कोई प्रयोग नहीं किया।

कविता में बिम्ब-पैटर्न की दृष्टि से मुक्तिबोध बहुत कुछ अंग्रेज़ी के 'मेटाफ़िज़िकल' कवियों के निकट दिखाई पड़ते हैं। उनकी कविता में हर बिम्ब प्रायः सांग-रूपक की तरह प्रलम्बित हो जाता है। एक बिम्ब को वे समस्त सम्भावनाओं तक खींचने का बौद्धिक आयास करते हैं और इस आयास का साथ देने में सहज मन पिछड़ जाता है। काव्य-शिल्प में यह प्रयोग आधुनिक रुचि के अनुकूल नहीं प्रतीत होता।

'मेटाफ़िज़िकल' कवियों की ही तरह मुक्तिबोध प्रायः परस्पर विरोधी बिम्बों का साथ-साथ प्रयोग करते हैं। किसी कोमल चित्र में मन रमा नहीं कि सहसा कोई कठोर चित्र उपस्थित करके मुक्तिबोध हतप्रभ कर देते हैं। सम्भवतः यह शिल्प भी अब पुराना पड़ गया है और 'तार सप्तक' युग के बाद अनेक सतर्क कवियों ने इसे छोड़ देने में ही कल्याण समझा। आश्चर्य है कि मुक्तिबोध आज भी उससे मुक्त होते नहीं दीखते।

मुझे ऐसा लगता है कि मुक्तिबोध जितना बड़ा विषय लेते हैं उसके लिए उनके पास गहरी चिन्तन शक्ति तो है परन्तु उतनी ही समर्थ कलात्मक शक्ति नहीं है। "सुबह से शाम तक लगातार इकट्ठा होने वाले मानसिक आघातों के बिखरे तत्त्वों का यथायोग्य संकलन या संयोजन" करने के लिए और अधिक कलात्मक क्षमता अपेक्षित है। इन मनःस्थितियों और वस्तुस्थितियों की कलात्मक-नमूनों में पुनर्रचना करने के लिए किसी अन्य काव्य-रूप का पथ निकालना होगा। लम्बी कविताएँ अत्यधिक संक्षेपण के द्वारा बहुत-सी अस्पष्ट भी रह जाती हैं और उलझ भी जाती हैं।

मुक्तिबोध की कविता के उलझाव पर विचार करते हुए मेरे सामने प्रायः कोलरिज के विचारधारात्मक निबन्ध याद आ जाते हैं जिनके उलझाव का कारण बताते हुए एक पत्र में उसने लिखा था कि मुझसे छोटी चीज़ लिखी ही नहीं जाती। किसी छोटी-से-छोटी चीज़ पर भी विचार करते समय नये-नये सम्बन्ध-सूत्र निकलने लगते हैं और मेरी बौद्धिक ईमानदारी उनमें से किसी भी शाखा-सूत्र को छोड़कर आगे बढ़ने से इनकार कर देती है।

सम्भवतः मुक्तिबोध की काव्यगत जटिलता का कारण भी उनकी गहन-चिन्तन शक्ति ही है। इसलिए कलात्मक परिष्कार के लिए भी उन्हें सबसे पहले अपनी चिन्तन-पद्धति को ही परिष्कृत करना पड़ेगा। मुझे ऐसा लगता है कि मुक्तिबोध की चिन्तन-पद्धति में जितनी संश्लिष्टता है, उतनी विश्लेषण-क्षमता नहीं है। सम्भवतः अपने परिवेश से अत्यधिक बँधे रहने और परिवेशजनित बौद्धिक विकारों से मुक्त न हो पाने के कारण ही उनकी चिन्तन शक्ति एक हद के बाद कुण्ठित हो जाती है। परन्तु यह भी सच है कि इस संघर्ष में मुक्तिबोध लगभग अकेले हैं। हिन्दी कविता में दूसरा कोई कवि नहीं है, जो इस स्तर पर उनका समानधर्मा सहयोगी हो सके! फिर भी यही क्या कम है कि हमारा समकालीन एक ऐसा कवि है तो—

...जिसके उच्च भाल पर
विश्व-भार, औ' अन्तर में
निःसीम प्यार!

('कृति', अंक-2, नवम्बर, 1958)

(यह लेख नामवर सिंह की 2010 में प्रकाशित पुस्तक 'कविता की ज़मीन और ज़मीन की कविता' से लिया गया है।)

एकालाप और संलाप

कुछ लोग दुनिया से बहस करते हैं तो कुछ सिर्फ़ अपने से, किन्तु कुछ थोड़े से लोग ऐसे भी होते हैं जो दुनिया से बहस करने की प्रक्रिया में अपने-आप से भी बहस चालू रखते हैं। मुक्तिबोध ऐसे ही थोड़े से लोगों में थे और उनकी 'एक साहित्यिक की डायरी' ऐसी ही जीवन्त बहस का सर्जनात्मक दस्तावेज़ है जिसमें भाग लेने का लोभ संवरण करना कठिन है। अपने-आप से या किसी दूसरे से बात करते हुए मुक्तिबोध पाठक को कुछ इस प्रकार उस वार्तालाप का साझीदार बना लेते हैं कि निःसंग रहना कठिन हो जाता है। यह अपनापा संक्रामक है : 'स्वयं से अस्वयं होना है।' प्लेटो के 'डायलॉग्स' को छोड़कर, मुझे याद नहीं कि मैंने इस तरह कहीं हिस्सा लेने की विवशता का सुखद अनुभव किया हो। लगातार प्रहार करते हुए भी आत्मीयता का वैसा ही सम्मोहन और वैसा ही दुर्निवार निमन्त्रण विचार-प्रक्रिया में स्वतः भाग लेने का। दूसरे से प्रश्न करने के साथ-साथ अपने-आप पर भी उस प्रश्न का वैसा ही वार। और इस प्रकार विचार की गति के साथ अपने-आप को स्तर-स्तर खोलते जाना। न कहीं कोई छिपाव, न कोई दुराव। सतत आत्म-सजगता के बीच आत्म-विडम्बना का निरन्तर निर्मम बोध। यह पारदर्शी ईमानदारी ही है जो मुक्तिबोध की 'एक साहित्यिक की डायरी' को अनूठा आकर्षण प्रदान करती है, जिसे लेखक ने 'सुकुमार ज्वालाग्राही जादुई शक्ति' कहा है। मस्तिष्क की हर हरकत हम साफ़ देखते हैं, जैसे शीशे के अन्दर पारे की लकीर हो। ईमानदारी इस हद तक कि युक्तियों में स्वयं पकड़ लिए जाने को भी सहर्ष प्रस्तुत और फिर निरस्त्र कर देनेवाला खुलापन। ऐसा खुलापन जिसमें खोने के लिए

कुछ भी न हो, सिवा किसी कमी के और पाने के लिए सबकुछ हो, जैसे आत्म-प्रत्यय।

और फिर ईमानदारी ही जैसे काफ़ी न हो, इसलिए उसके साथ-साथ मस्तिष्क की वस्तुनिष्ठता और तथ्यपरकता, जिसे अक्सर सच्चाई कहा जाता है। साथ ही एक प्रकार की प्रतिश्रुति-धर्मी 'गम्भीरता' भी, जो साहित्य में दिलचस्पी-भर लेने से कहीं गहरी हो। जैसाकि एक स्थान पर मुक्तिबोध अपने सहचर के बारे में कहते हैं : "दरअसल, उसके लिए न वे विचार थे, न अनुभूति। वे उसके मानसिक भूगोल के पहाड़, चट्टान, खाइयाँ, ज़मीन, नदियाँ, झरने, जंगल और रेगिस्तान थे। मुझे यह भान होता रहता है कि वह व्यक्ति अपने को प्रकट करते समय, स्वयं की सभी इन्द्रिय शक्तियों से काम लेते हुए एक आन्तरिक यात्रा कर रहा है, वह अपने विचारों या भावों को केवल प्रकट ही नहीं करता था, वह उन्हें स्पर्श करता था, सूँघता था, उनका आकार-प्रकार, रंग-रूप और गति बना सकता था, मानो उसके सामने वे प्रकट, साक्षात् और जीवन्त हों। उसका दिमाग़ लोहे का शिकंजा था या सुनार की एक छोटी-सी चिमटी, जो बारीक़-से-बारीक़ और बड़ी-से-बड़ी बात को सूक्ष्म रूप से और मज़बूती से पकड़कर सामने रख देती है।"

कहने की आवश्यकता नहीं कि यह मानसिक क्षमता स्वयं मुक्तिबोध का आत्म-प्रक्षेपण है और 'एक साहित्यिक की डायरी' इसका जीवन्त उदाहरण है। यही अथवा इस प्रकार की बातें कुछ दूसरे लेखकों ने भी कही हैं, लेकिन इस अन्दाज़ में जैसे एक शिक्षक अपने शिष्यों को अथवा सारे संसार को विद्यार्थी समझकर कहता है। किन्तु 'एक साहित्यिक की डायरी' में लगता है जैसे मुक्तिबोध अपने किसी समानधर्मा से विचार-विनिमय कर रहे हैं—एक सत्यान्वेषी की तरह हर सम्भव तथ्य को परखने के लिए रुकते हुए और प्रत्येक मान्यता को प्रस्तुत करने के साथ ही उसे जाँचते हुए। यह स्वर ही और है; और मुक्तिबोध के गद्य में उस विशिष्ट स्वर को स्पष्ट सुना जा सकता है। 'एक साहित्यिक की डायरी' के मुख्य आकर्षणों में से एक यह 'स्वर' भी है। बहुत कम लेखकों का गद्य ऐसा सस्वर या स्वर-संवलित होता है।

वार्तालाप-शैली में लिखे जाने मात्र से ही 'एक साहित्यिक की डायरी' में यह विशेषता नहीं आ गयी है। लिखने को तो कई लोगों ने वार्तालाप-शैली में आलोचनाएँ लिखी हैं, लेकिन एक नज़र में ही साफ़ हो जाता है कि वे मूलतः निबन्ध हैं। दरअसल, इसके पीछे एक पूरी जीवन-प्रक्रिया है, जो सदैव निरी आत्माभिव्यक्ति के लिए बेचैन रहते हैं, उनके लिए यह कदापि सम्भव नहीं है। जो व्यक्ति एक साधारण आदमी की तरह अपने आसपास के सामाजिक परिवेश में हिस्सा लेता है और हर परिचित-अपरिचित को सहचर की तरह स्वीकार करते हुए हमेशा उन्मुक्त विचार-विनिमय के लिए प्रस्तुत रहता है उसी के लेखन में भी सम्प्रेषण और सम्भाषण का यह गुण आता है। और साफ़ दिखाई पड़ता है कि 'एक साहित्यिक की डायरी' ऐसी ही सामाजिक जीवन-प्रक्रिया की उपज है। यह संवादी डायरी एक 'सहयोगी प्रयास' का आभास ही नहीं देती, बल्कि सहयोगी प्रयास का अहसास कराती है और ऐसे प्रयास के लिए सीधा आमन्त्रण भी देती है।

यह आकस्मिक नहीं है कि मुक्तिबोध की कविताओं में भी प्रायः यही नाटकीय विन्यास है। डायरी में यदि केशव, वीरकर या कोई और मित्र है तो कविताओं में भी कहीं 'आत्मा का मित्र' है तो कहीं 'सहचर मित्र' और कहीं एक 'ब्रह्मराक्षस' तो कहीं मन के अन्दर छिपा बैठा 'ओरांग उटांग!'

नवलेखन के अन्तर्गत इस प्रकार की नाटकीयता मुक्तिबोध की अपनी विशेषता है—वह विशेषता जिसे टी.एस. इलियट ने 'कविता के तीन स्वरों' में से 'तीसरा स्वर' कहा है—तीसरा और सम्भवतः सबसे समर्थ।

एक तरह से मुक्तिबोध का सम्पूर्ण कृतित्व एक विशाल नाटक के समान प्रतीत होता है जिसके बीच यदि कविताएँ गीतात्मक सन्दर्भों को व्यक्त करती हैं तो 'डायरी' गद्यात्मक संवादों की पूर्ति करती है। इस प्रकार 'एक साहित्यिक की डायरी' अपने-आप में पूर्ण एक रचनात्मक गद्यकृति है। इसे कवि की कविताओं को समझने का साधन मात्र मानना, इसके साथ अन्याय होगा। यों भी किसी रचनाकार की रंचना-प्रक्रिया प्रायः अविच्छिन्न और शृंखलाबद्ध होती है, किन्तु मुक्तिबोध-जैसे रचनाकार के यहाँ तो यह और भी अपरिहार्य है, क्योंकि उनके रचनात्मक मस्तिष्क में समग्र वास्तविकता एक साथ ही शतशः जटिलतम सम्बन्ध-सूत्रों से जुड़ी रहती है—

यहाँ तक कि किसी एक सम्बन्ध-सूत्र को काटकर सफ़ाई ले आने का प्रयास उन्हें सर्जनात्मक ईमानदारी से स्खलन प्रतीत होता है। इस दृष्टि से 'एक साहित्यिक की डायरी' को मुक्तिबोध के सम्पूर्ण काव्य-कृतित्व के अन्तर्गत माना जा सकता है। जो मुक्तिबोध की कविताओं को भी गद्य ही समझते हैं, उन्हें शायद इस कथन से एतराज़ न हो, बल्कि उन्हें तो इस बात से सन्तोष-लाभ ही करना चाहिए।

'डायरी' में एक स्थान पर मुक्तिबोध ने लिखा है : "तो फिर ऐसी स्थिति में यह असम्भव नहीं है कि कविता को अनेक क्रमबद्ध गद्य-चित्रों में प्रस्तुत किया जाये। अथवा अनेक क्रमबद्ध गद्य-चित्र कुछ इस तरह आलोकित और दीप्तमान हो उठें कि छन्द बन जायें, गतिमान हो जायें और एक विशेष दिशा की ओर प्रवाहित हो सकें।" यहाँ जिस गतिमयता पर मुक्तिबोध ने ज़ोर दिया है वह वस्तुतः नाटकीयता का ही दूसरा पहलू है और कहने की आवश्यकता नहीं कि एक अनूठी नाटकीय गतिमयता 'डायरी' को रचनात्मक कृति की भंगिमा प्रदान कर देती है।

यद्यपि प्रस्तुत रूप में प्रकाशित करते समय डायरी के खण्डों में यादृच्छिक ढंग से क्रम-विपर्यय कर दिया गया है और कुछ अंश छूट भी गये हैं तथापि इस विपर्यस्त और खण्डित रूप में भी 'डायरी' को ध्यान से देखें तो इसका विन्यास भी मुक्तिबोध की कविताओं की संघटना-जैसा ही पायेंगे। हर 'डायरी' कविता की ही भाँति एक 'फैंटेसी' के रूप में परिकल्पित की गयी है जिसमें भाव और विचार मूर्त स्थितियों-वस्तुओं-व्यक्तियों आदि के समूचे जीवन्त सन्दर्भ के साथ उभरते चले जाते हैं। वही परिप्रेक्ष्य और वही संरचना। दोनों विधाओं के पीछे एक ही प्रकार की रूप-कल्पी सर्जना काम करती दिखाई पड़ती है। कहीं-कहीं तो पात्रों, परिस्थितियों और मनःस्थितियों का चित्रण करते-करते 'डायरी' के अन्तर्गत कवि मुक्तिबोध गद्य में ही 'फैंटेसी' की सृष्टि कर जाते हैं। मित्र केशव के आने का समाचार मिलते ही लगता है कि "किसी तालाब से भाप निकलती हो, भाप की ऊँची उठती हिलकोरती लहरें एक मनुष्याकार धारण कर, ऊँची-ऊँची होती हुई पास-पास आती जा रही हों" और सारा दृश्य भयावह हो उठता है। इसी प्रकार कभी मन के अन्दर झाँकने पर उन्हें लगता है कि "मन एक रहस्यमय लोक है।

उसमें अँधेरा है। अँधेरे में सीढ़ियाँ हैं। सीढ़ियाँ गीली हैं। सबसे निचली सीढ़ी पानी में डूबी हुई है। वहाँ अथाह काला जल है। उस अथाह काले जल से स्वयं को ही डर लगता है। उस अथाह काले जल में कोई बैठा है। वह शायद मैं ही हूँ।"

मुक्तिबोध की रचनाओं में इस प्रकार की भयावनी 'फैंटेसी' प्रायः मिलती है : कभी 'ब्रह्मराक्षस' तो कभी 'ओरांग उटांग' और कभी विचित्र वेश-विन्यासवाली सैन्य टुकड़ी का नैश आक्रमण। अँधेरे की एक हल्की सी चादर पड़ते ही सारा दृश्य क्षण-भर में भयंकर दुःस्वप्न के रूप में बदल जाता है। रोज़ की देखी-सुनी, जानी-पहचानी चीज़ें भी मुक्तिबोध के हाथों इन्द्रजाल में बदल जाती हैं। मुक्तिबोध के अनुसार ये छायाकृतियाँ 'अर्थ-स्वप्न' हैं। मुक्तिबोध की इस कीमियागरी (ऐलकेमी) की ओर अभी लोगों का बहुत कम ध्यान गया है। जैसा कि उन्होंने स्वयं लिखा है : "कुछ पागल लोग, कीमियागर (ऐलकेमिस्ट), लोहे को सोना बनाने की फ़िक्र में लगातार काम करते हुए नष्ट हो गये। कुछ दूसरे ढंग से पागल, ज़मीन में गड़े ख़ज़ाने को खोजने और कभी भी न पा सकने में इतने मशगूल रहे कि उनकी फेमिली ने, समाज ने, ज़माने ने उन्हें बेवकूफ़ करार दिया। कई तरह के पागल हुआ करते हैं, और मुझे अब समझ में आने लगा है कि हो न हो, मैं भी उसी श्रेणी में गिने जाने योग्य हूँ।"

उनकी अन्तिम पूर्ण कविता 'अँधेरे में' इसी विशाल भयावनी फ़ैंटेसी का रचनात्मक रूप है। यह 'विज़न' मुक्तिबोध का नितान्त निजी है जो उनके कृतित्व को एक अनूठा तेजोवलय प्रदान कर देता है। चूँकि यह प्रवृत्ति हिन्दी के समकालीन लेखन के बीच एकदम अलग है, इसलिए काव्य-चर्चा के बीच प्रायः उपेक्षित रह गयी, किन्तु 'काफ्का' के पाठक मुक्तिबोध में निश्चय ही आधुनिक भावबोध के इस महत्त्वपूर्ण 'अर्थ-स्वप्न' का अनुभव किये बिना न रहेंगे। यहाँ तक कि डायरी भी इस जादुई असर से बच नहीं सकी है, अवश्य यहाँ उसका रूप कुछ और है—किसी को भी दहला देनेवाला निर्मम आत्म-संघर्ष तथा आत्म-साक्षात्कार! इस तेज रोशनी के सामने कुछ भी छिपा सकना असम्भव प्रतीत होने लगता है, क्योंकि यहाँ "आत्म-शान्ति को भंग करके ही कोई लेखक बना रह सकता है—लेखक यानी सच्चा लेखक।"

मुक्तिबोध का आत्म-विश्लेषण नशे की हद तक पहुँचा हुआ है और दूसरों पर भी सम्भवतः नशीली धुन्ध का-सा असर डालता है।

इस प्रकार डायरी की सबसे बड़ी उपलब्धि एक विलक्षण व्यक्तित्व है जो अन्ततः पूरी डायरी से उभरकर सामने आता है। जिस तरह प्लेटो के 'डायलॉग्स' की सबसे बड़ी उपलब्धि 'सुकरात' जैसा व्यक्तित्व है, उसी तरह एक दूसरे स्तर पर मुक्तिबोध की डायरी की सबसे बड़ी उपलब्धि एक कवि-व्यक्तित्व है जिसके साथ आगे चलकर अनेक प्रकार की किंवदन्तियों के जुड़ जाने की सारी सम्भावनाएँ मौजूद हैं। अनिवार्यतः यह व्यक्तित्व स्वयं मुक्तिबोध का ही हो, कोई आवश्यक नहीं; किन्तु है यह निश्चय ही इस आत्मसजग युग का सबसे आत्मसजग व्यक्तित्व। एक गहरे अर्थ में राजनीतिक, जिसके बिना आज के युग में कोई भी लेखक सार्थक साहित्यकार नहीं हो सकता।

इस व्यक्तित्व की सबसे बड़ी सार्थकता यह है कि इसके माध्यम से मुक्तिबोध ने आज के साहित्य में एक शलाका-पुरुष की स्थापना की है—ऐसा शलाका-पुरुष जो आज की स्थिति के योग्य कवि की भूमिका अदा कर सके। 'डायरी' बड़ी स्पष्टता के साथ उस काव्य-पुरुष की परिकल्पना को मूर्तिमान करती है जो सम्भवतः मुक्तिबोध के ख़याल से आज की स्थिति की चुनौती को स्वीकार करने में समर्थ हो। इस कवि-व्यक्तित्व के सही रूप को समझने के लिए, इसी समय की एक दूसरी महत्त्वपूर्ण कृति 'आत्मनेपद' (अज्ञेय) से उभरनेवाले कवि-व्यक्तित्व को बगल में रख लेना अप्रासंगिक न होगा। अज्ञेय के 'आत्मनेपद' से बहुत कुछ एक शब्द-साधक 'एस्थीट' अथवा सौन्दर्यजीवी का रूप सामने आता है जो एक दायरे में जीवन से पूरी तरह संसक्त होते हुए भी अपने रचना-जगत में सर्वथा निःसंग है—अमानुषिकता की हद को छूनेवाली कलात्मक निःसंगता। इसके विपरीत मुक्तिबोध की डायरी से उभरनेवाला कवि-व्यक्तित्व सामाजिक स्तर पर एक नितान्त सामान्य निम्न-मध्यवर्गीय पारिवारिक प्रणाली है, जिसके लिए कविता अलग से किसी साधना की चीज़ नहीं, बल्कि जीने की जटिल क्रिया का ही एक सहज अंग है, जो समाज से लड़ते हुए भी उसकी सहकारिता को सम्बल के रूप में स्वीकार करता है।

जितना कष्टप्रद इसका अस्तित्व-संघर्ष है उतना ही कष्टप्रद सर्जन-संघर्ष, और जो अपनी निजी पीड़ा को व्यापक मानवीय पीड़ा से अर्थपूर्ण बनाता चलता है। कुल मिलाकर मानवीय—नितान्त मानवीय। मुक्तिबोध ने 'डायरी' में जिस प्रकार समकालीन साहित्य में प्रचलित 'एस्थीट' के 'विशिष्ट' और 'अद्वितीय' व्यक्तित्व पर प्रहार किया है, उससे साफ़ मालूम हो जाता है कि वे एक स्थापित कवि-प्रतिभा के स्थान पर साहित्य में एक नये कवि-व्यक्तित्व की प्रतिष्ठा करने के लिए कितने व्याकुल हैं। शायद यही वजह है जिससे मुक्तिबोध सहसा नयी पीढ़ी के लेखकों के आत्मीय बन्धु हो उठे हैं। यह आकस्मिक नहीं है कि जिस समय अज्ञेय ने 'नये कवि के प्रति' जैसी कविता लिखी, प्रायः उसी के आसपास मुक्तिबोध ने नयी पीढ़ी को सम्बोधित करते हुए 'ओ काव्यात्मन फणिधर' जैसी कविता लिखने की आवश्यकता समझी।

'डायरी' में कविता पर विचार करने से अधिक कवि-व्यक्तित्व के स्वरूप पर विचार किया गया है—इसी से स्पष्ट है कि मुक्तिबोध आज की स्थिति में कविता की परिभाषा करने से अधिक आवश्यक समझते हैं कवि-व्यक्तित्व का निर्माण। दरअसल जहाँ वे काव्य-क्रिया का विश्लेषण करते हैं, उसकी पृष्ठभूमि में भी उनकी अपनी कवि-सम्बन्धी परिकल्पना ही कार्यरत दिखाई पड़ती है। यह महत्त्वपूर्ण है कि मुक्तिबोध ने कवि-सम्बन्धी परिकल्पना के द्वारा ही काव्य-सम्बन्धी परिकल्पना को भी परिभाषित किया है। यह आकस्मिक नहीं है कि डायरी के संलाप में भाग लेनेवाला चाहे वह वीरकर हो या कोई और, है वह प्रायः निम्न-मध्यवर्ग का कोई कवि-यशःप्रार्थी नवयुवक ही। प्रसंगवश यहाँ यह भी उल्लेखनीय है कि 'एक साहित्यिक की डायरी' मूलतः हरिशंकर परसाई की 'वसुधा' जैसी निम्न-मध्यवर्गीय लघु पत्रिका में शुरू हुई थी और 'वसुधा' के बन्द होने पर फिर काफ़ी दिनों बाद ऐसी ही पत्रिका 'नवलेखन' में निकली और एकाध शायद 'कृति' में भी।

मुक्तिबोध की "आँखों के सामने कई ऐसे साहित्यिकों के दृश्य खिले जो स्वयं बहुत ग़रीब घराने में पैदा हुए थे, किन्तु अब वे अपनी जन्म-धात्री धरती से पराये होकर न उपरली श्रेणी की उपलब्धियों के वास्तविक निष्कर्षों में रम सके, न अपने बन्धु-बान्धवों की पीड़ा-भरी विवेक-दृष्टि ही अपना सके।"

इसलिए उन्होंने नये लेखकों को उनकी अपनी वास्तविक स्थिति के प्रति सचेत करना आवश्यक समझा। डायरी निश्चित रूप से नये लेखकों को वर्ग-चेतन बनाती है—कभी-कभी तो बड़े ही धक्केमार ढंग से। उन्होंने चुनौती के-से स्वर में कहा है कि "हम नहीं कह सकते कि हमारे द्वारा निर्मित साहित्य, समाज तो जाने दीजिए, हमारे व्यक्तित्व का भी सच्चा प्रतिनिधित्व करता है या नहीं। यदि केवल साहित्य से, कोई हमारे व्यक्तित्व का अनुमान करने बैठे तो वह धोखा खा जायेगा। हमने संस्कारवश या प्रवृत्तिवश, एक ख़ास ढंग का 'कंडीशंड साहित्यिक रिफ्लेक्स' साहित्यिक भाव तथा उसकी अभिव्यक्ति की यान्त्रिक उत्तेजना बना रखी है। यह कहाँ तक उचित है?" जिन लोगों का दावा है कि नयी कविता ने 'नये मानव की प्रतिष्ठा' की है और जिनका ख़याल है कि नये कवि एक अरसे से 'व्यक्तित्व की खोज' में संलग्न हैं, उन्हें इस चुनौती के सामने आकर ईमानदारी से बतलाना चाहिए कि वह 'मानव' कहाँ है तथा उस व्यक्तित्व का रूप क्या है?

इसी सिलसिले में मुक्तिबोध के इस पर्यवेक्षण से भी इनकार करना मुश्किल होगा कि "हमारे बहुत से कवि और कथाकार, मारे डर के, उस वास्तव को नहीं लिखते हैं जिसे ये भोग रहे हैं, क्योंकि ये उस वास्तव से उड़ जाना और उड़ते रहना चाहते हैं। अनुभूत वास्तव का आज जितना अनादर है उतना पहले कभी नहीं था।"

इस प्रकार निम्न-मध्यवर्गीय हीनता-भाव को निर्ममता के साथ उद्घाटित करके मुक्तिबोध ने साहित्य को सचाई की प्राण-शक्ति और वास्तविकता का दृढ़ आधार प्रदान किया। इस प्रवृत्ति के चलते, यही नहीं कि कविता गौण और सिकुड़ी हुई सी साहित्यिक विधा बन चली थी, बल्कि अनजाने ही झूठ का विराट नक़ली साहित्य खड़ा होने लगा था। निष्प्राण सौन्दर्यवादी रचनाओं के स्थान पर 'डबरे में सूरज' का आदर्श मुक्तिबोध की महत्त्वपूर्ण देन है और निश्चय ही यह बोलता हुआ बिम्ब 'डायरी' का अनमोल चिन्तामणि है।

मुक्तिबोध ने एक सही बात सही वक़्त पर कही। और जैसा कि राल्फ़ फ़ाक्स ने एक जगह कहा है : "अच्छा गद्य लिखने की कला चीज़ों को उनके सही नाम से पुकारने की विलुप्त कला है, एक शक्ति है जिसने कठघरे में

खड़े दिमित्रोव की वाणी को इतना बलशाली बना दिया था।" वह दिमित्रोव जिसने फ़ासिस्ट जज के मुँह पर कहा था कि "मैं मानता हूँ कि मेरा स्वर कड़ा है और पैना है। मेरे जीवन का संघर्ष भी कड़ा और पैना रहा है। मेरा स्वर निर्द्वन्द्व और उन्मुक्त है। मैं चीज़ों को उनके सही नाम से पुकारता हूँ।" 'एक साहित्यिक की डायरी' के गद्य में चीज़ों को सही नाम से पुकारने का नैतिक साहस है। इसलिए उसमें एक तेज़ है—ऐसा तेज़ जो समकालीन लेखन में लगभग दुर्लभ है।

इसी साहस के बल पर मुक्तिबोध ने आगे बढ़कर 'आधुनिक भावबोध' के नाम से प्रचलित कुछ विशेष प्रकार के भाव-समुदाय, कुछ विशेष प्रकार की सौन्दर्य-परिकल्पनाओं, एक ख़ास काट और एक ख़ास किस्म की अभिरुचि को ही सर्वस्व मानकर चलनेवाले साहित्य की सीमाएँ स्पष्ट कीं और साथ ही उसका वर्ग-आधार भी खोल दिया। इस दृष्टि से 'एक साहित्यिक की डायरी' हिन्दी में 'आधुनिक भावबोध' के अधूरे मानचित्र को पूरा करने की दिशा में महत्त्वपूर्ण प्रयास है। जिस समय केवल 'भावबोध' का ही मन्त्र-जाप चल रहा है, मुक्तिबोध का यह संशोधन ध्यान देने योग्य है कि "क्या आधुनिक भावबोध ही काफ़ी है? सामन्ती विचारधारा का स्थान लेने के लिए क्या हम उस भावबोध को मूल्य-बोध तक बढ़ाकर उसे एक दर्शन का रूप नहीं दे सकते—ऐसा दर्शन जो नयी सामाजिक परम्परा बनकर व्यक्ति और समाज के जीवन के सभी पक्षों को अनुशासित कर सके? यदि ऐसा न हुआ तो 'नया' बिल्कुल प्रवृत्तिमूलक होगा और लोग नयी परम्परा के अभाव में अनेक अन्तःप्रवृत्तियों के दास हो जायेंगे, यही नहीं, बल्कि खण्डनकर्ता खण्डित हो जायेगा। मूर्ति-भंजकों की स्वमूर्ति का सिर काट लिया जायेगा और उसकी छाती फोड़ दी जाएगी।"

इस प्रसंग में मुक्तिबोध का ख़याल है कि अभी तक नये और पुराने के संघर्ष में प्रायः अवसरवादी रुख अपनाया गया है। यहाँ तक कि जीवन से साहित्य को अलग करके एकदेशीय ढंग से नये मूल्यों की प्रतिष्ठा के असफल प्रयत्न हुए हैं। "वस्तुतः इन्हें विकसित करने के लिए केवल साहस ही नहीं स्पष्ट दृष्टि, स्पष्ट लक्ष्य और स्पष्ट विचारधारा के लिए कोशिश आवश्यक है।" क्योंकि "आत्म-साक्षात्कार बहुत आसान है, स्वयं चरित्र-साक्षात्कार अत्यन्त कठिन है।"

चूँकि कुछ लोगों ने मुक्तिबोध के आत्म-संघर्ष को इस प्रकार उछाला है कि उनकी अपनी आस्था पर परदा पड़ जाये, इसलिए उल्लेखनीय है कि उनके अनुसार : "उत्तर के सिंहासन पर शंका को बैठाने का मतलब है अपनी समस्या में प्रश्न ही का आदर्शीकरण करना, समस्या में फँसे रहने का उदात्तीकरण," और यह अनुचित है। उन्होंने स्पष्ट लिखा है कि "मैं अपनी अनास्था से शुरू होकर आस्था में आ जाता हूँ जबकि वे आस्था से शुरू होकर अनजाने ही या जानते में भी मात्र शुद्ध अनास्था में विलीन होने लगते हैं।" क्या यह सच नहीं है कि "आजकल रंगमंच पर अनास्था नाटक करती है और आस्था नेपथ्य में बैठकर सूत्र-संचालन करती है?"

इसी तरह कुछ लोगों को भ्रम है अथवा वे जानबूझकर यह भ्रम फैलाना चाहते हैं कि 'एक साहित्यिक की डायरी' वस्तुतः रचना-प्रक्रिया की पाठ्य-पुस्तक है। निस्सन्देह इधर कुछ दिनों से हिन्दी में रचना-प्रक्रिया का बड़ा शोर है और हर रचनाकार नामधारी व्यक्ति अपनी रचना-प्रक्रिया समझाने में हलकान हो रहा है—भय है, कहीं सारा लेखन रचना-प्रक्रिया ही न प्रतीत होने लगे। परन्तु तथ्य यह है कि अज्ञेय, मुक्तिबोध, रघुवीर सहाय-जैसे कुछ थोड़े से ही रचनाकार हैं जो सचमुच रचना-प्रक्रिया की वास्तविक अर्थवत्ता से परिचित हैं, क्योंकि इन्हें ही रचना-प्रक्रिया में निहित जोखिम का अनुभव भी है। इसलिए यहाँ यह संकेत कर देना आवश्यक है कि 'एक साहित्यिक की डायरी' एक व्यापक अर्थ में रचना-प्रक्रिया का ग्राफ-चित्र भले ही हो, वस्तुतः वह उत्तरशती की जटिल जीवन-प्रक्रिया का जीवन्त दस्तावेज़ है। फकत एक सौ सोलह पृष्ठों की छोटी-सी गद्यकृति किन्तु जितने गहरे अर्थों में वह इस दशक के 'प्रामाणिक' भारतीय मानव को प्रक्षेपित करती है, कुछ ही कृतियाँ कर सकी होंगी। और इधर जिस तरह कविता, कहानी, उपन्यास, नाटक, निबन्ध आदि विधाएँ अपने रूपगत रूढ़ ढाँचे का विवश निर्वाह करने की क्रिया में व्यापक जीवन से हटती जा रही हैं, ऐसी ही गद्यकृतियाँ उत्पन्न होंगी जिन्हें किसी पूर्वप्रचलित विधा के अन्तर्गत रखना मुश्किल होगा। वैसे विधा की चिन्ता साहित्यशास्त्री करें और उन्हें रोक भी कौन सकता है, लेकिन जिनकी दिलचस्पी आज के परिवेश के बीच अपने को समझने में है, उनके लिए मुक्तिबोध की 'एक साहित्यिक की

डायरी' निश्चय ही एक सार्थक वैचारिक मानचित्र का काम देगी, क्योंकि यह शुद्ध 'साहित्यिक' डायरी नहीं, बल्कि डायरी है एक 'साहित्यिक की'—सम्पूर्ण साहित्यिक की।

मुक्तिबोध ने कुछ यों ही नहीं कहा है कि "जो व्यक्ति साहित्यिक दुनिया से जितना दूर रहेगा, उसमें अच्छा साहित्यिक बनने की सम्भावना उतनी ही ज़्यादा बढ़ जायेगी। साहित्य के लिए साहित्य से निर्वासन आवश्यक है।" स्पष्ट ही साहित्यिक दुनिया से दूर रहने का अर्थ दुनिया के निकट रहना है और ऐसी बात वही आदमी कह सकता है जो कि सचमुच साहित्य के दमघोंट, तंग और दूषित दायरे से स्वयं बाहर रहता आया हो और जो कि, हम सभी जानते हैं, मुक्तिबोध स्वयं थे। साहित्य से निर्वासन लेकिन साहित्य के लिए—साहित्य को जीवन्त रखने के लिए, उसे जीवन के ताज़ा अनुभवों से निरन्तर समृद्ध करने के लिए और दूर से एक व्यापक तथा सही परिदृश्य में समकालीन साहित्य को देख पाने के लिए। इसी परिदृश्य-बोध के कारण मुक्तिबोध आज की साहित्यिक स्थिति के बारे में ऐसी बहुत-सी बेलाग बातें कह सके जिन्हें भीतर-ही-भीतर अनुभव तो हममें शायद हर-एक करता है, किन्तु कहने में पहल कर सके तो मुक्तिबोध ही। इस दृष्टि से एक 'बाहरी' आदमी के रूप में, आज की कहानी के सम्बन्ध में उनके विचार बेहद ताज़ा हैं।

आज के इतिहास के अभूतपूर्व दबाव का एहसास उनमें इतना गहरा था कि उन्हें अन्ततः साहित्य की सीमा का भी बोध हो गया था। इसीलिए स्वयं एक साहित्यकार होते हुए भी मुक्तिबोध यह कहने का साहस कर सके कि "साहित्य पर आवश्यकता से अधिक भरोसा करना मूर्खता है।" क्योंकि "साहित्य मनुष्य के आंशिक साक्षात्कारों की बिम्ब-मालिका भर तैयार करता है।" इस कथन से, सम्भव है, हमारे साहित्यिक अहं को कुछ चोट लगे, किन्तु वस्तुस्थिति से इनकार करना कठिन है; और यह भी एक विडम्बना ही है कि साहित्य के अवमूल्यन का आभास देते हुए भी लगे हाथों मुक्तिबोध साहित्य की एक वैज्ञानिक परिभाषा भी दे गये। डायरी में यत्र-तत्र इसी प्रकार के अनेक विचार-स्फुलिंग बिखरे हुए हैं—कुछ केवल प्रश्न के रूप में तो कुछ 'साधारण प्रतिज्ञा' के रूप में ही, जिन पर अलग से विस्तृत चर्चा

चलाकर हम अपनी साहित्य-समीक्षा को समृद्ध कर सकते हैं; किन्तु एक वात बराबर याद रखनी होगी कि प्रत्येक विचार-विनिमय आत्म-साक्षात्कार के साथ ही आत्म-चरित्र का भी साक्षात्कार होगा और वह भी अन्ततः मानव-साक्षात्कार की परिणति के साथ।

साहित्य की व्याख्या करनेवाली पुस्तकें तो बहुत हैं, किन्तु साहित्य की धारा को बदलनेवाली विचारोत्तेजक पुस्तकें एकाधिक दशक बाद आती हैं और मुझे लगता है कि मुक्तिबोध की यह 'डायरी' एक ऐसी ही क्रान्तिकारी कृति है—विशेषतः नवलेखन के लिए।

(1964)

(यह लेख 'वाद, विवाद संवाद' पुस्तक में भी है जो 1989 में प्रकाशित हुई है।)

'अँधेरे में' : परम अभिव्यक्ति की खोज

इसीलिए मैं हर गली में
और हर सड़क पर
झाँक-झाँक कर देखता हूँ हर एक चेहरा
प्रत्येक गतिविधि,
प्रत्येक चरित्र,
व हर एक आत्मा का इतिहास,
हर एक देश व राजनैतिक परिस्थिति
प्रत्येक मानवीय स्वानुभूत आदर्श
विवेक-प्रक्रिया, क्रियागत परिणत!!
खोजता हूँ पठार...पहाड़...समुन्दर
जहाँ मिल सके मुझे
मेरी वह खोयी हुई
परम अभिव्यक्ति अनिवार
आत्म-सम्भवा!

अँधेरे में, कविता की ये अन्तिम पंक्तियाँ उस अस्मिता या 'आइडेंटिटी की खोज की ओर संकेत करती हैं जो आधुनिक मानव की सबसे ज्वलन्त समस्या है। निस्सन्देह इस कविता का मूल कथ्य है अस्मिता की खोज; किन्तु कुछ अन्य व्यक्तिवादी कवियों की तरह इस खोज में किसी प्रकार की आध्यात्मिकता या रहस्यवाद नहीं, बल्कि गली-सड़क की गतिविधि, राजनीतिक परिस्थिति और अनेक मानव-चरित्रों की आत्मा के इतिहास का वास्तविक परिवेश है। आज के व्यापक सामाजिक सम्बन्धों के सन्दर्भ

में जीने वाले व्यक्ति के माध्यम से ही मुक्तिबोध ने 'अँधेरे में' कविता में अस्मिता की खोज को नाटकीय रूप दिया है।

नाटकीय कौशल के लिए कविता का 'मैं' दो व्यक्ति-चरित्रों में विभक्त कर दिया गया है : एक है काव्य-नायक 'मैं' और दूसरा है उसका प्रतिरूप 'वह'। यह विभाजन वस्तुतः एक नाटकीय कौशल मात्र नहीं, बल्कि इसका आधार 'आत्म-निर्वासन' (सेल्फ़-एलिएनेशन) है। 'अँधेरे में' का काव्य-नायक एक आत्म-निर्वासित व्यक्ति है, जिसके आत्म-निर्वासन का प्रतीक है उसका गुहावास। दोस्तोयेव्सकी के 'अंडर-ग्राउंड मैन' के समान ही यह व्यक्ति भी बाह्य परिस्थितियों से भय खाकर एक तिलस्मी खोह में निवास करता है। कविता का आरम्भ इस तिलस्मी खोह के रहस्यमय दृश्य से होता है, जो अपने प्रभाव में काफ़ी नाटकीय है।

ज़िन्दगी के...
कमरों में अँधेरे
लगाता है चक्कर
कोई एक लगातार;

किन्तु यह रहस्यमय व्यक्ति दिखाई नहीं देता, केवल उसके चलने की आहट-भर सुनाई देती है। अकस्मात् भीत से फूले हुए पलस्तर गिरते हैं और भीत पर ख़ुद-ब-ख़ुद कोई बड़ा चेहरा बन जाता है : नुकीली नाक, भव्य ललाट, दृढ़ हनु! प्रश्न उठता है : कौन मनु? और इस प्रश्न के साथ ही जैसे काव्य-नायक प्रकट होता है। उसे याद आता है कि यह रहस्यमय व्यक्ति वही है जो कभी शहर के बाहर पहाड़ी के उस पार तालाब के सलिल के तम-श्याम शीशे में कुहरीली श्वेत आकृति के रूप में प्रकट हुआ था; और फिर थोड़ी देर बाद लाल-लाल कुहरे में से एक रक्तालोक-स्नात पुरुष के रूप में निकला हुआ दिखा था। रात के अँधेरे में बन्द दरवाज़े की साँकल खटखटाने वाला पुरुष शायद वही है। आत्म-निर्वासित काव्य-नायक को पता है कि "वह रहस्यमय व्यक्ति अब तक न पायी गयी मेरी अभिव्यक्ति है" तथा "हृदय में रिस रहे ज्ञान का तनाव वह आत्मा की प्रतिमा" है। उस प्रतिरूप से काव्य-नायक डरता है, कतराता रहता है और इसीलिए उसे टालता भी है कि स्वयं उसे अपनी कमज़ोरियों से लगाव है;

उसे डर इसलिए है कि वह "हृदय को देता है बिजली के झटके" और तुंग-शिखर के ख़तरनाक कगार पर बिठाकर रस्सी के पुल से पर्वत-सन्धि के गह्वर पार करने के लिए कहता है। इसके साथ ही यह भी तथ्य है कि "भविष्य का नक्शा दिया हुआ उसका/सह नहीं सकता।" फिर भी "नहीं, नहीं, उसको मैं छोड़ नहीं सकता।" भय और प्रीति का यह नाटकीय द्वन्द्व ही इस आत्म-निर्वासित मन का मुख्य आकर्षण है। अन्ततः वह दरवाज़ा खोलने का संकल्प करता है, किन्तु देखता है कि "बाहर कोई नहीं, कोई नहीं बाहर।" रात का पक्षी कहता है :

वह चला गया है,
वह नहीं आयेगा, आयेगा ही नहीं
अब तेरे द्वार पर।
वह निकल गया है गाँव में शहर में!
उसको तू खोज अब
उसको तू शोध कर!

रवीन्द्रनाथ ठाकुर की 'गीतांजलि' के एक गीत में भी कुछ-कुछ इसी प्रकार की पंक्तियाँ हैं, किन्तु उस रहस्यवादी सन्दर्भ से इन पंक्तियों का सन्दर्भ कितना भिन्न है! रात के पक्षी के कथन के बावजूद आत्म-निर्वासित काव्य-नायक को वह रहस्यमय पुरुष फिर दिखाई पड़ता है, लेकिन स्वप्न में। इस बार उसके दर्शन उस समय होते हैं जब शहर में कर्फ़्यू लगा हुआ है और मार्शल लॉ जारी है। रात के सन्नाटे में सिरफिरा एक जन "आत्मोद्‌बोधमय कोई गान" गाता है, जिसे सुनते ही साफ़ हो जाता है कि "व्यक्तित्व अपना ही, अपने से खोया हुआ/वही उसे अकस्मात् मिलता था रात में।" गान का प्रभाव यह है कि :

प्रत्यक्ष,
मैं खड़ा हो गया
किसी छाया-मूर्ति-सा समक्ष स्वयं के।

काव्य-नाटक के घटना-क्रम में यह रहस्यमय पुरुष एक बार और मिलता है, अन्तिम बार, जब शहर में जन-क्रान्ति छिड़ जाती है।

माहौल ऐसा कि "कहीं आग लग गयी, कहीं गोली चल गयी।" आत्म-निर्वासित व्यक्ति प्रसन्न मुद्रा में गैलरी में खड़ा होता है कि दिखाई पड़ता है "एकाएक वह व्यक्ति/आँखों के सामने/गलियों में, सड़कों पर, लोगों की भीड़ में/चला जा रहा है।...पुकारने को खुलता है मुँह/कि अकस्मात्—/वह दिखा, वह दिखा/वह फिर खो गया किसी जन-यूथ में.../उठी हुई बाँह यह उठी हुई रह गयी।"

खोज और उपलब्धि के बीच की दुविधा या 'सस्पेंस' ही 'अँधेरे में' कविता को अद्भुत नाटकीयता प्रदान करती है; और यह केवल काव्य-शैली का चमत्कार नहीं, बल्कि कथ्य की गहरी अर्थवत्ता का सूचक है। अस्मिता की खोज सम्बन्धी ज़्यादातर कविताओं में या तो केवल एक प्रकार की हताश खोज मिलती है या फिर उपलब्धि की बलात् आत्मतुष्टि! आकस्मिक नहीं है कि दोनों ही प्रकार की कविताएँ प्रायः प्रकृत्या प्रगीतधर्मी होती हैं। प्रगीत शैली के अनुरूप ही उनके कथ्य में भी अस्मिता की खोज का अतिसरलीकृत सपाट रूप मिलता है। मुक्तिबोध ने इस सपाटता से बचकर एक तीखे तनाव को सफलता के साथ व्यंजित किया है, जिसका मुख्य आधार 'अँधेरे में' कविता का कौशलपूर्ण घटना-विन्यास है। अरस्तू ने जिस अर्थ में 'मिथोस' को त्रासदी की आत्मा कहा था, उसकी पुष्टि एक तरह से 'अँधेरे में' के घटना-विन्यास से होती है। इस घटना-विन्यास का महत्त्व इस दृष्टि से भी है कि इसके द्वारा अस्मिता को एक व्यापक सन्दर्भ प्राप्त होता है। आत्मनिर्वासन और अस्मिता के लोप की चर्चा तो प्रायः की जाती है किन्तु उसके वस्तुगत कारणों का उल्लेख बहुत कम किया जाता है। 'अँधेरे में' कविता के अन्तर्गत स्वप्न-कथा के रूप में तीन घटनाएँ वर्णित हैं : किसी मृत-दल की शोभा-यात्रा, सैनिक शासन और जन-क्रान्ति का सूत्रपात। स्पष्टतः पहली दोनों घटनाएँ कवि की दृष्टि में अस्मिता के खोने का वस्तुगत कारण उपस्थित करती हैं। किसी मृत-दल की शोभा-यात्रा और सैनिक शासन के आतंक से अस्मिता के खोने की बात एकदम स्पष्ट हो जाती है। सन्दर्भ की भयावहता अस्मिता के बोध की तीव्रता को और भी उभार देती है। भावबोध की यह तीव्रता सन्दर्भ के जिस प्रभावशाली चित्र से सम्बद्ध है, वह स्वयं मुक्तिबोध के शब्दों में

"भाव का वस्तुमूलक आकलन" है। इसे ही आचार्य शुक्ल ने "विभावन व्यापार" की संज्ञा दी है और टी. एस. इलियट ने "ऑब्जेक्टिव को-रिलेटिव" की।

'अँधेरे में' कविता का प्रभाव जिस परिवेश के चित्रण पर निर्भर है, उसकी चित्रण-कला भी विचारणीय है। सबसे पहले कविता में रात के अँधेरे की भूमिका। क्या इस कविता में वातावरण के प्रभाव का बहुत कुछ श्रेय अँधेरे को नहीं है? अँधेरा काव्यगत वातावरण को भयावह और रहस्यमय बनाने के साथ ही मूर्त्त भी बनाता है। अँधेरे में वस्तुओं को मूर्तिमान करने की विशेष क्षमता इसलिए होती है कि आसपास की बहुत-सी वस्तुएँ ओझल हो जाती हैं, इसलिए अभीष्ट वस्तुएँ विशेष रूप से उद्भासित होती हैं। अँधेरे में रेखाओं की संख्या कम होती है, किन्तु उनके उभार की मात्रा अधिक होती है। उदाहरण के लिए मृत-दल की शोभा-यात्रा का चित्र इस कविता में इसलिए इतना स्फुट (विविड) है कि उसकी पीठिका में रात का अन्धकार है। दिन के उजाले में यही जुलूस शहर के भीड़-भाड़ में दब जाता; किन्तु आधी रात के सन्नाटे में वह उभरकर सामने आता है। मशाल की रोशनी में लोगों के चेहरे, उनकी पोशाक, घोड़ों के रंग और संगीन की नोकें और भी चमक उठती हैं, यहाँ तक कि सन्नाटा बैंड की आवाज़ को भी उभार देता है। दिन के उजाले में कोलतार की जो सड़क मामूली मालूम होती है वही रात के अँधेरे में "मरी हुई खिंची हुई कोई काली जिह्वा" मालूम होती है। इसी तरह चौराहे, दरख्त और घंटाघर भी इस अन्धकार के जादुई असर में और के और हो जाते हैं। उल्लेखनीय है कि 'सीमान्तवादी', भावबोध के लेखकों ने अपनी कृतियों में प्रायः अन्धकार का उपयोग किया है। निर्मल वर्मा की 'लन्दन की एक रात' कहानी में भी यही अन्धकार है। दोस्तोयेव्सकी के उपन्यासों का घटना-काल प्रायः रात से सम्बद्ध है। कोई चाहे तो इसे एक कला-रूढ़ि भी कह सकता है, किन्तु मुक्तिबोध ने अन्धकार को स्वप्न-कथा से सम्बद्ध करके एक और आयाम दे दिया है।

कथन-शैली की दृष्टि से 'अँधेरे में' एक स्वप्न-कथा है। हिन्दी में कविता के अन्तर्गत 'फ़ैंटेसी' के उपयोग के लिए मुक्तिबोध विख्यात हैं, किन्तु इस उपयोग की कलात्मक सार्थकता पर बहुत कम विचार किया गया है। स्वयं मुक्तिबोध फ़ैंटेसी' शब्द का प्रयोग काफ़ी व्यापक अर्थ में करते थे।

उनके लिए 'कामायनी' भी एक तरह की 'फ़ैंटेसी' थी। इस प्रकार स्वप्न-कथा 'फ़ैंटेसी' का एक प्रकार मात्र है। मुक्तिबोध की दृष्टि में कविता के अन्तर्गत 'फैंटैसी' के प्रयोग की सबसे बड़ी सुविधा यह है कि लेखक वास्तविकता के प्रदीर्घ चित्रण से बच जाता है। कहना न होगा कि स्वप्न-शैली में कथा कहने के कारण 'अँधेरे में' कविता में काफ़ी मितव्ययिता और सघनता आ गयी है तथा वर्णन के अनावश्यक विस्तार से अपने-आप ही नजात मिल गयी। स्वप्न-शैली के कारण एक ओर कथा अनिवार्यतः चित्रात्मक हो गयी तो दूसरी ओर एक से अधिक कथाओं के क्रमबद्ध संयोजन में भी लाघव आ गया, क्योंकि स्वप्न-क्रम प्रकृत्या अतार्किक और विषयाधर्मी होता है। स्वप्न-शैली के साथ एक सुविधा यह भी है कि आवश्यकतानुसार देश और काल की दृष्टि से नितान्त असम्बद्ध तथा दूर की वस्तुओं को भी एकत्र रखा जा सकता है। 'अँधेरे में' के अन्तर्गत ताल्सतॉय, तिलक और गाँधी इसी जादू की छड़ी से बुला लिए गये हैं। इसी प्रकार सामान्यतः असम्भव प्रतीत होने वाली घटना भी स्वप्न सम्भव दिखाई जा सकती है और उसके औचित्य के बारे में कोई सन्देह भी नहीं कर सकता। उदाहरण के लिए 'अँधेरे में' के अन्दर गाँधीजी काव्य-नायक के कन्धे पर एक शिशु रखकर अचानक ग़ायब हो जाते हैं और वही शिशु थोड़ी देर बाद सूरजमुखी-फूल के गुच्छे में बदल जाता है, जिसके स्थान पर अगले क्षण वज़नदार रायफ़ल आ जाती है। यदि स्वप्न-कथा की शैली न होती तो इस प्रकार के चमत्कार कैसे सम्भव होते? किन्तु ये चमत्कार अपने-आपमें सार्थक नहीं हैं। सवाल यह है कि कवि इन चमत्कारों के ज़रिये हासिल क्या करता है? यदि ये चमत्कार वास्तविकता के किसी विशेष पहलू को उजागर करने में समर्थ नहीं होते तो वे केवल कुतूहल के विषय होकर रह जायेंगे।

यहाँ यथार्थवादी दृष्टिकोण के अन्तर्गत यथार्थवादी शिल्प के औचित्य का प्रश्न उठता है। 'समाजवादी यथार्थवाद' के आग्रही कुछ जड़ लेखकों ने काफ्का के ही नहीं बल्कि बर्टोल्ट ब्रेख्ट के अयथार्थवादी शिल्प पर एतराज़ किया है। किन्तु मुक्तिबोध ने 'कामायनी : एक पुनर्विचार' की भूमिका में इस विषय पर निर्भ्रान्त विचार व्यक्त करते हुए कहा है कि : "यथार्थवादी शिल्प और यथार्थवादी दृष्टिकोण में अन्तर है।

यह बहुत ही सम्भव है कि यथार्थवादी शिल्प के विपरीत, जो भाववादी शिल्प है—उस शिल्प के अन्तर्गत, जीवन को समझने की दृष्टि यथार्थवादी रही हो।" इसी सन्दर्भ में मुक्तिबोध ने जैसा कि कुछ पहले कहा है, "साहित्यिक कलाकार अपनी विधायक कल्पना द्वारा जीवन की पुनर्रचना करता है। जीवन की यह पुनर्रचना ही कलाकृति बनती है। कला में जीवन की जो पुनर्रचना होती है वह **सारतः** उस जीवन का प्रतिनिधित्व करती है जो जीवन इस जगत् में वस्तुतः जिया और भोगा जाता है—स्वयं द्वारा तथा अन्यों द्वारा। यह जीवन जब कल्पना द्वारा पुनर्रचित होता है तब उस पुनर्रचित जीवन में तथा वास्तविक जगत्-क्षेत्र में जिए और भोगे जाने वाले जीवन में **गुणात्मक** अन्तर उत्पन्न हो जाता है। पुनर्रचित जीवन, जिए और भोगे गये जीवन से, **सारतः**, एक होते हुए भी, **स्वरूपतः** भिन्न होता है। यदि पुनर्रचित जीवन वास्तविक जीवन से निःसारतः एक हो, सिर्फ़ ऊपरी तौर पर एकसापन रखता हो तो वह पुनर्रचित जीवन निष्फल होता है। पुनर्रचित जीवन और वास्तविक जीवन के बीच जो अलगाव है, उनकी जो पृथक्-पृथक् स्थिति है, उस अलगाव और पृथक् स्थिति के कारण ही, कला के भीतर के सारे मूर्त्त विधान के बावजूद, उस कला में मूलबद्ध रूप से, एक **अमूर्त्तीकरण और सामान्यीकरण** उत्पन्न होता है।" 'अँधेरे में' कविता के अन्तर्गत अपनाये गये स्वप्न-कला के अयथार्थवादी शिल्प में निहित यथार्थवादी दृष्टिकोण की इससे स्पष्ट व्याख्या अनावश्यक है।

निस्सन्देह 'अँधेरे में' सामान्य स्वप्न-कथा नहीं, बल्कि दुःस्वप्न का कथालोक है जिसमें हर चीज़ प्रायः कुछ विकृत, कुछ अन्यथा रूप में दृष्टिगत होती है। किन्तु काव्य-नायक की असाधारण मनःस्थिति को देखते हुए यह असंगत नहीं लगता। काव्य-नायक के मन पर परिस्थितियों का इतना गहरा दबाव है कि वह अतिरिक्त भयाक्रान्त है। उसने अपने बहुमूल्य भावों और विचारों को उपचेतन के तलघर में छिपा दिया है। एकाकीपन में उसे अपनी ही आकृति भूतों जैसी दिखाई पड़ती है। उसके मन में हर समय किसी-न-किसी दुर्घटना की आशंका है। हर समय उसके मन में यह खटका लगा हुआ है कि कोई उसका पीछा कर रहा है। वह प्रत्येक दुर्घटना का कारण अपने-आपको मानता है : "मानो मेरे कारण ही लग गया मार्शल-लॉ

वह/मानो मेरी निष्क्रिय संज्ञा ने संकट बुलाया/मानो मेरे कारण ही दुर्घट हुई यह घटना।" ऐसी मनःस्थिति में दुःस्वप्नों का आना अस्वाभाविक नहीं।

किन्तु ये दुःस्वप्न उन्हीं लोगों को अवास्तविक लग सकते हैं जो बड़ी-से-बड़ी दुर्घटना के अभ्यस्त हो चुके हैं और जिनकी खाल मोटी हो चुकी है। क्या वह मशाल-जुलूस अवास्तविक है जिसमें रात को वही पत्रकार, कवि, आलोचक, मन्त्री, उद्योगपति आदि शहर के कुख्यात हत्यारों के साथ शामिल होते हैं जो दिन में विभिन्न दफ़्तरों, कार्यालयों, केन्द्रों और घरों में मिलकर षड्यन्त्र करते हैं। एक फ़ासिस्ट ख़तरे का आभास देने वाला यह जुलूस कैसे अवास्तविक कहा जा सकता है, जब कि दंगों में इससे भी ज़्यादा भयावह अनुभव से हम गुज़र चुके हैं? इसी प्रकार सैनिक प्रशासन भी यथार्थ से अधिक अतिरंजित नहीं। इस माहौल में "भागता मैं दम छोड़/घूम गया कई मोड़" की बेचैनी भी काफ़ी जानी-पहचानी अनुभूति है। इस सामान्य वर्णन के प्रसंग में सम्भवतः सबसे मार्मिक है अपने कमरे में मृत पड़े हुए उस कलाकार का चित्र, जिसका तृषार्त अन्तर मुक्ति का इच्छुक था और जो निरन्तर मुक्ति के यत्नों के साथ था, किन्तु अचानक झोंक में आकर क्या कर गुज़रा कि सन्देहास्पद समझा गया और मारा गया वह वधिकों के हाथों। परन्तु सबसे दहशत-भरा दृश्य है "स्क्रीनिंग" का, जब काव्य-नायक को टूटे-से स्टूल पर बिठाकर उसके शीश की हड्डी तोड़ी जा रही है और अस्थि-कवच को निकालकर मस्तक-यन्त्र की जाँच की जा रही है। पढ़ते-पढ़ते जार्ज आर्वेल का "1984" याद आ जाता है जो अब 'फ़ैंटेसी' न होकर एक जीती-जागती सच्चाई बन गया है। यदि 'अँधेरे में' कविता में वास्तविकता का केवल यही निषेधात्मक पक्ष होता तो ऐसी अनेक निषेधात्मक कविताओं की तरह 'अँधेरे में' भी एक सपाट रचना होती। कविता का एक दूसरा पक्ष भी है, जिसका सम्बन्ध अन्धकार के विरुद्ध लड़ने वाली शक्तियों से है। कुछ लोगों के लिए यह एक किंवदन्ती मात्र है और वे उस पर ख़ामोश रहते हैं, किन्तु काव्य-नायक की दृष्टि में "यह कथा नहीं है, यह सब सच है।" उल्लेखनीय है कि भयाक्रान्त काव्य-नायक के मस्तिष्क में दुःस्वप्नों के साथ जन-क्रान्ति का भी स्वप्न आता है। यह इच्छा-पूर्ति भी हो सकती है। इसे कुछ लोग वास्तविकता पर आशावादी

कल्पना का आरोप भी कह सकते हैं। किन्तु देखना यह है कि कविता के अन्तर्गत अन्य स्वप्न-चित्रों के समान ही यह स्वप्न-चित्र भी काव्यात्मक मूर्तिमत्ता के साथ चित्रित हुआ है या नहीं? और असन्दिग्ध है कि "कहीं आग लग गयी, कहीं गोली चल गयी" की आवृत्तियों के साथ आने वाला समूचा क्रान्ति-चित्र कहीं अधिक मूर्त्त और सजीव है। वैसे, वास्तविकता की जाँच की कसौटी इस स्वप्न के लिए भी वही होगी जो अन्य दुःस्वप्नों के लिए है।

'अँधेरे में' की संरचना की सबसे बड़ी विशेषता है परस्पर विरोधी भाव-चित्रों का धूप-छाँही मेल, जिसे आचार्य शुक्ल "विरुद्धों का सामंजस्य" कहते थे। अन्धकार की गहरी पटभूमि पर एक आलोक-रेखा खींचकर कालजयी काव्य-कृतित्व का जो प्रतिमान किसी समय निराला की 'राम की शक्तिपूजा' ने उपस्थित किया था, 'अँधेरे में' के द्वारा मुक्तिबोध ने उसी तरह की दूसरी काव्य-कृति प्रस्तुत की। 'अँधेरे में' के अन्तर्गत सर्वत्र अँधेरा ही नहीं है, बल्कि चमकती हुई रंग-बिरंगी मणियाँ भी हैं; बन्दूक़ और गोली ही नहीं, फूलों के गुच्छे भी हैं; पिशाच-आकृति पुरुष ही नहीं, सकर्मक सत्-चित्-वेदना-भास्कर नये-नये सहचर भी हैं; भय ही नहीं, मानव-करुणा भी है; पीड़ा ही नहीं, आस्था भी है। सम्पूर्ण कविता में अन्धकार के ऊपर अस्तित्व की एक अलौकिक सुगन्ध परिव्याप्त है :

रात्रि के श्यामल ओस से क्षालित
कोई गुरु-गम्भीर महान् अस्तित्व
महकता है लगातार
अँधेरे में पता नहीं चलता
मात्र सुगन्ध है सब ओर,
पर, उस महक-लहर में
कोई छिपी वेदना, कोई गुप्त चिन्ता
छटपटा रही है, छटपटा रही है।

अस्तित्व की यह सुगन्ध वस्तुतः मानवीयता है : कविता के अन्तर्गत मानवीय उपस्थिति ही सुगन्ध के रूप में व्याप्त है। इस उपस्थिति का कारण है कवि का परिप्रेक्ष्य-बोध। उचित परिप्रेक्ष्य के बिना जो परिवेश अन्य अनेक

कवियों के लिए अन्धकारपूर्ण है, मुक्तिबोध ने उसी में यदि प्रकाश की किरण भी देख ली तो इसलिए कि उनकी दृष्टि भविष्य तक विस्तृत है। यह भविष्य ही आज के परिवेश को सही परिप्रेक्ष्य प्रदान करता है। इसे काल्पनिक आशावाद कहकर टाला नहीं जा सकता। अस्तित्वहीन होते हुए भी भविष्य वर्तमान को एक अर्थ प्रदान करता है—इतिहास का यह एक विरोधाभास है।

कवि मुक्तिबोध के लिए अस्मिता की खोज व्यक्ति की खोज नहीं बल्कि अभिव्यक्ति की खोज है। एक कवि के नाते उनके लिए परम अभिव्यक्ति ही अस्मिता है। भाषा स्वभावतः इस अभिव्यक्ति का आधार है। 'अँधेरे में' कविता के अन्तर्गत जगह-जगह इस काव्यगत अभिव्यक्ति की समस्याएँ भी उठाई गयी हैं। जैसे कुछ नाटकों में नाटक के भीतर एक और नाटक होता है, 'अँधेरे में' कविता के अन्दर कविता की निजी समस्याओं का निरूपण करती है। इस प्रकार एक स्तर पर यह 'कविता के बारे में कविता' है। दिमाग़ी 'स्क्रीनिंग' के बाद रिहा होने पर काव्य-नायक नये सिरे से ज़िन्दगी शुरू करने का संकल्प करता है। एक ओर साथियों की खोज और दूसरी ओर नये दायित्व के अनुरूप अभिव्यक्ति को सँजोने का प्रयास। वह ज़मीन पर पड़े चमकीले पत्थरों को चुनता है; लेकिन तुरन्त ही उसे उन पत्थरों की अपर्याप्तता का अनुभव होता है।

किन्तु, असन्तोष मुझको है गहरा,
शब्दाभिव्यक्ति-अभाव का संकेत।
काव्य-चमत्कार उतना ही रंगीन
परन्तु, ठण्डा।
मेरे भी फूल हैं तेजस्क्रिय, पर
अतिशय शीतल।

इसके बाद यह असन्तोष जिस संकल्प का रूप लेता है उसकी झलक इन पंक्तियों में मिल सकती है :

अब अभिव्यक्ति के सारे ख़तरे
उठाने ही होंगे।
तोड़ने होंगे ही मठ और गढ़ सब।
पहुँचना होगा दुर्गम पहाड़ों के उस पार
तब कहीं देखने मिलेंगी बाँहें
जिनमें कि प्रतिपल काँपता रहता
अरुण कमल एक।

स्पष्ट है कि मुक्तिबोध के लिए अभिव्यक्ति जीवन की अभिव्यक्ति से अभिन्न रूप में जुड़ी हुई है। अभिव्यक्ति के ख़तरे उठाने का मतलब है मठों और गढ़ों को तोड़ना, साथ ही 'अरुण कमल' के लिए दुर्गम पहाड़ों के पार जाने का जोखम उठाना है। इस प्रक्रिया में मुक्तिबोध ने काव्य-भाषा को एक नया तेवर दिया है, जो नयी कविता की सामान्य काव्य-भाषा की तुलना में काफ़ी अनगढ़ और बेडौल लगती है। किन्तु इससे केवल यही सिद्ध होता है कि मुक्तिबोध की भाषा "काव्यात्मक" नहीं है; इससे उसकी "व्यंजकता" असिद्ध नहीं होती। अंग्रेज़ी में कुछ आलोचकों ने कविता की भाषा के लिए 'पोएटिक' और 'पोएटिकल' दो शब्दों का प्रयोग किया है। अनुकरणशील कवि प्रायः उस 'पोएटिकल' भाषा का प्रयोग करते हैं जो परम्परा से काव्यात्मक भाषा के रूप में प्राप्त होती है। इसके विपरीत सृजनशील कवि परम्परागत "काव्यात्मक भाषा" के दायरे को तोड़कर अपने नये कथ्य के अनुरूप 'काव्य-भाषा' का निर्माण करता है जो आरम्भ में खुरदरी लगते हुए भी अपनी अर्थवत्ता में जानदार होती है। इस दृष्टि से निराला के समान ही मुक्तिबोध की भाषा भी "तेजस्क्रिय" है। जिस प्रकार 'राम की शक्तिपूजा' में समासबहुला संस्कृतनिष्ठ हिन्दी के साथ ही बोलचाल की भाषा के टुकड़े पिरोए हुए हैं उसी तरह 'अँधेरे में' भी भाषा के दोनों रूप मिलते हैं। कविता में भाषा कठिन है या सरल, संस्कृतनिष्ठ है या बोलचाल की आदि, प्रश्न अप्रासंगिक हैं। 'अँधेरे में' जैसी नाटकीय कविता में देखना यह है कि भाषा का नाटकीय उपयोग किस रूप में किया गया है और किस हद तक। और कहना न होगा कि 'अँधेरे में' के अन्तर्गत सन्दर्भ-भेद से भाषा

की नाटकीय भंगिमाएँ विविध हैं। कहीं सघन बिम्बों की माला है तो कहीं ठेठ सपाटबयानी। कहीं "साँवली हवाओं में काल टहलता है" तो कहीं इस प्रकार के दो टूक कथन :

कविता में कहने की आदत नहीं, पर कह दूँ
वर्तमान समाज चल नहीं सकता।

मुक्तिबोध की भाषा पर अनगढ़ता का आरोप लगाते समय इस बारे में सोच देखना चाहिए कि जिस तिलिस्मी दुनिया की सृष्टि वे कविता में कर ले जाते हैं वह क्या असमर्थ भाषा से कभी सम्भव है? वस्तुतः 'अँधेरे में' का ख़ौफ़नाक काव्य-संसार समर्थ भाषा की ही सृष्टि है। मुक्तिबोध जब कहते हैं कि "बिम्ब फेंकती वेदना नदियाँ" तो वे एक तरह से उस कवि-कल्पना की ओर भी संकेत करते हैं जो अपनी अजस्र सृजनशीलता में बिम्ब फेंकती चलती है। वस्तुतः कवि की शक्ति कल्पना के उस वेग और विस्तार से मापी जाती है जिसे अंग्रेज़ी में 'स्वीप ऑफ़ इमेजिनेशन' कहते हैं; और कहना न होगा कि 'अँधेरे में' की कल्पना-शक्ति अपने समवर्ती समस्त कवियों में सबसे विकट और विस्तृत है। इसीलिए वे प्रगीतों के युग में भी महाकाव्यात्मक कल्पना के धनी और नाटकीय प्रतिभा के प्रयोगकर्त्ता हैं।

वस्तुतः मुक्तिबोध की अभिव्यक्ति की अर्थवत्ता फुटकल शब्द-प्रयोगों से नहीं आँकी जा सकती और न दो-चार बिम्बों अथवा भाव-चित्रों से मापी जा सकती है। उनकी अभिव्यक्ति की गरिमा का पता उस विराट बिम्ब-लोक से चलता है जो 'अँधेरे में' जैसी महाकाव्यात्मक कविता अपनी समग्रता में प्रस्तुत करती है। इस सन्दर्भ के द्वारा ही कविता के अन्तर्गत आये हुए छोटे-छोटे सामान्य सपाट कथन भी अर्थ-गौरव से पूर्ण लगते हैं। उदाहरण के लिए :

क्या करूँ, किससे कहूँ
कहाँ जाऊँ, दिल्ली या उज्जैन?

जैसी सीधी-सादी उक्ति भी कविता के नाटकीय सन्दर्भ में आधुनिक मानव की ऐतिहासिक बेचैनी को ध्वनित करती है। 'अँधेरे में' भाषा की ऐसी नाटकीय सम्भावनाओं के उद्घाटन का अनूठा काव्य-प्रयास है।

'अँधेरे में' मुक्तिबोध के प्रतिनिधि काव्य-संकलन 'चाँद का मुँह टेढ़ा है' की ही अन्तिम कविता नहीं, कदाचित् उनकी अन्तिम रचना भी है जिसे कवि-कर्म की चरम परिणति भी कहा जा सकता है। कुल मिलाकर इसे यदि नयी कविता की भी चरम उपलब्धि कहा जाय तो अतिशयोक्ति न होगी।

(यह लेख नामवर सिंह की 1968 में प्रकाशित पुस्तक
'कविता के नये प्रतिमान' से लिया गया है।)

'अँधेरे में' : पुनश्च

'कविता के नये प्रतिमान' के अन्तर्गत मुक्तिबोध की 'अँधेरे में' शीर्षक कविता की व्याख्या प्रकाशित होने के बाद से उस कविता की अनेक व्याख्याएँ सामने आयी हैं, साथ ही उक्त व्याख्या की समीक्षाएँ भी। इस क्रम में मुक्तिबोध के काव्य पर तरह-तरह की सम्मतियाँ भी दी गयी हैं। कोई मुक्तिबोध को एकदम सशस्त्र क्रान्ति का समर्थक घोषित कर रहा है तो किसी की राय में वे रहस्यवाद और अस्तित्ववाद के साथ मार्क्सवाद के समन्वय का असफल प्रयत्न करते हैं। चर्चा चूँकि 'अँधेरे में' से निकलकर मुक्तिबोध के समूचे काव्य—बल्कि साहित्य तक फैल गयी है, इसलिए इस फैलाव का पुनः परीक्षण आवश्यक हो उठा है। यह व्यापक सन्दर्भ उक्त कविता पर पुनर्विचार के लिए भी उपयोगी हो सकता है।

मुक्तिबोध के काव्य-संसार की पटभूमि में असन्दिग्ध रूप से ऐसी शासन-व्यवस्था या सत्ता है जो निहायत चालाक होने के साथ ही बेहद आततायी है। कर्फ़्यू और मार्शल-लॉ इस सत्ता के आम तरीक़े हैं। काल-क्रमानुसार कविताओं को देखने से पता चलता है कि इस व्यवस्था का आतंककारी रूप क्रमशः बढ़ता जा रहा है। अन्तिम दिनों यानी छठे दशक के अन्त की कविताओं में हत्या, डाका, आगजनी आदि की धटनाएँ जुड़ जाती हैं। 'इस चौड़े ऊँचे टीले पर' कविता में अहाते के अन्दर के बंगले में हत्या हो जाती है, 'चम्बल की घाटी में' पृथ्वी पर कहीं पर 'उदार चेतनाध्यक्ष की हत्या' होती है : 'अँधेरे में' एक कलाकार गोली का शिकार होता है। यदि इन हत्याओं को प्रतीक भी मान लें तो भी यह सवाल अपनी जगह कायम है कि हत्या के ही इतने प्रतीक क्यों? 'चाँद का मुँह टेढ़ा है'

कविता में सन् तिरेपन की सत्ता का प्रतीक गंजा सिर चाँद है तो 'चम्बल की घाटी में' तक आते-आते वही सत्ता ऐसा धातुधान मालूम होती है जिसके बारे में यह आशंका है कि ''छलनाएँ असफल होते देखकर/इन्द्रजाल त्याग, वह/खुलकर काम करे/कभी-कभी सामने भी आ जाये/दस्यु ही बन जाये/ हथियार कारखाने चुपचाप/कायम करे, गिरोह बनाये और/आतंक फैलाये।" पहले जहाँ इस सत्ता का आतंक केवल उसके अफ़सरों, गुप्तचरों, सिपाहियों और सैनिकों के बल पर कायम दिखता है, उसमें क्रमशः उद्योगपति, नेता, विक्रेता, पत्रकार, कलाकार, कवि, समीक्षक आदि भी जुलूस बनाकर शामिल होने लगते हैं? यह जुलूस पहली बार 'एक स्वप्न-कथा' में प्रकट होता है और अन्त में 'अँधेरे में' कविता के अन्तर्गत निस्सन्देह पहले से कहीं अधिक प्रभावशाली रूप में 'चकमक की चिनगारियाँ' से मालूम होता है कि यह सत्ता पर्चे ज़ब्त करती है, किताबों कों ग़ैर-क़ानूनी घोषित करती है और बड़े पैमाने पर पाबन्दी लगाती है। यह सत्ता अपने नंगे दमन के बावजूद कवि की दृष्टि में काफ़ी पेचीदा और मायाविनी है—विशेषतः इसका सांस्कृतिक पक्ष/ मुक्तिबोध को "शोषण की सभ्यता के नियमों के अनुसार/बनी हुई संस्कृति के तिलिस्मी/सियाह चक्रव्यूह" स्पष्ट दिखायी देते हैं। वैसे, अपनी सारी शालीनता के बावजूद यह संस्कृति अपने नग्न बर्बर रूप को छिपाने में असमर्थ रहती है। कवि के शब्दों में "संस्कृति के सुगन्धित आधुनिकतम वस्त्रों के/अन्दर का वासी वह/नग्न अति बर्बर देह।" ऊपर से देखने में यह व्यवस्था चाहे जितनी भयानक हो, पर है वस्तुतः "लकड़ी का रावण" ही। इस व्यवस्था के आन्तरिक खोखलेपन की ओर मुक्तिबोध ने जगह-जगह संकेत किया है। उदाहरण के लिए 'एक स्वप्न-कथा' में 'फुसफुसे पहाड़ों-सी पुरुषों की आकृतियाँ' हैं और उनकी 'रिक्त प्रकृतियाँ' हैं। मुक्तिबोध ने इस सत्ता के खोखलेपन के साथ ही इसकी अमूर्तता का भी उल्लेख किया है। 'मुझे याद आते हैं' शीर्षक कविता में यह सत्ता 'आकार में निराकार', 'अपौरुषेय' तथा 'भयंकर दुःस्वप्न का विश्व रूप' कही गयी है। अन्त में इस व्यवस्था को पश्चिमी साम्राज्यवाद से भी सम्बद्ध बतलाया गया है। इस दृष्टि से 'एक स्वप्न-कथा' के ये शब्द उल्लेखनीय हैं : "इस काले सागर का/सुदूर स्थित पश्चिम किनारे से/ज़रूर कुछ नाता है/इसीलिए हमारे पास सुख नहीं आता है।"

इस परिवेश में मुक्तिबोध की प्रमुख चिन्ता यही है कि "डूबता चाँद कब डूबेगा?" आगे चलकर 'अन्तःकरण का आयतन' में उन्होंने साफ़ शब्दों में कहा है कि "क्या उत्पीड़कों के वर्ग से होगी न मेरी मुक्ति?" 'चकमक की चिनगारियाँ' में इसी प्रश्न को पूरे देश के पैमाने पर उठाते हुए कवि पुनः कहता है :

मेरे सामने है प्रश्न
क्या होगा कहीं किस भाँति
मेरे देश भारत में
पुरानी हाय में से
किस तरह से आग भभकेगी।
उड़ेंगी किस तरह भक से
हमारे वक्ष पर लेटी हुई
विकराल चट्टानें
व इस पूरी क्रिया में से
उभर कर भव्य होंगे, कौन मानव गुण?

कहने की आवश्यकता नहीं कि यह आग क्रान्ति है और ये पंक्तियाँ क्रान्ति का आह्वान हैं। मुक्तिबोध को इस बात का पूरा एहसास है कि यह प्रश्न जितना सीधा है उसका उत्तर उतना सीधा नहीं है, वरना यह आग कभी भड़क उठी होती। क्रान्ति निश्चय ही जनता करेगी, किन्तु जैसा कि 'मेरे लोग' शीर्षक कविता में मुक्तिबोध ने कहा है, "किसी की खोज है उनको/किसी नेतृत्व की।"

सवाल यह है कि यह नेतृत्व कौन प्रदान करे 'परम्परा से बुद्धिजीवी वर्ग के लोग ही यह नेतृत्व प्रदान करते आये हैं। किन्तु मुक्तिबोध देखते हैं कि बहुत-से बुद्धिजीवी सत्ता के हाथों बिक गये हैं। इस बिके हुए बौद्धिक वर्ग की चर्चा मुक्तिबोध की अनेक कविताओं में है, किन्तु 'अँधेरे में' कविता के अन्तर्गत स्पष्ट शब्दों में कहा गया है कि "रक्तपायी वर्ग से नाभिनाल-बद्ध ये लोग" हैं : दूसरे शब्दों में "बौद्धिक वर्ग है क्रीतदास।" निस्सन्देह कुछ लोग ऐसे हैं जो एकदम क्रीतदास नहीं हैं, लेकिन वे सबसे असंग रहकर अपने निजत्व की रक्षा में तल्लीन रहते हैं। 'चम्बल की घाटी में' ऐसे **गहन निजत्व**

वाले लोगों को "टूटकर गिरे हुए तारों का बुझा हुआ हिस्सा" कहा है। इनसे कुछ भिन्न बौद्धिकों का एक और वर्ग है जिसका प्रतिनिधि 'अँधेरे में' कविता का एकान्तप्रिय कलाकार है जो स्वयं "मुक्तिबोध का इच्छुक" ही नहीं बल्कि मानसिक रूप में "मुक्ति के यत्नों के साथ निरन्तर" रहा है। उसका दुर्भाग्य यह है कि वह "कार्य क्षमता से वंचित व्यक्ति" है। अपनी असंगता के बावजूद वह सत्ता के वधिकों के हाथों मारा जाता है।

फिर भी कुछ लोग अभी ज़िन्दा हैं और ये अपने वर्ग के पूर्वोक्त सभी लोगों से भिन्न हैं। इनकी "आत्मा की एकता में दुई है।" इनकी आत्मा में गहरी बेचैनी है। ये न तो सत्ता से समझौता करने के लिए तैयार हैं और न असंगता का मार्ग ही अपनाना चाहते हैं, मुक्तिबोध के शब्दों में **आत्मचेतस्** भी हैं और **विश्वचेतस्** भी। इसीलिए इनमें भयानक आत्म-संघर्ष चलता रहता है। अपने वर्ग की स्वाभाविक मध्यवर्गीय कमज़ोरियाँ इनमें भी हैं किन्तु इन्हें अपनी कमज़ोरियों का पूरा एहसास है। इनमें आत्मसमीक्षा इतनी तीव्र है कि ये वर्तमान व्यवस्था के बने रहने के लिए अपने-आपको ज़िम्मेदार ठहराते हैं और इस प्रकार एक गहरे अपराध-बोध से पीड़ित रहते हैं। इसलिए ये उस व्यवस्था को तोड़ने के लिए स्वयं भी टूटने को तैयार दिखते हैं। मुक्तिबोध की कविताओं का काव्य-नायक—मैं—सामान्यतः इन्हीं लोगों का प्रतिनिधि है, जिसकी वर्गगत स्थिति 'चम्बल की घाटी में' शीर्षक कविता में इस प्रकार स्पष्ट की गयी है :

अपने समाज में अकेला हूँ बिल्कुल
मुझमें जो भयानक छटपटाहट है
नहीं वह किसी में,
इसलिए, अपना ही श्रेणीगत
साम्य है जिनसे
उनसे ही गहरा विद्वेष—
विरोध, विरोध, विरोध!!
किन्तु, जो दूर हैं
अलग, पृथक् हैं

जो अति भिन्न हैं
मित्र हैं वे ही;
परन्तु, शत गुण धर्म जो उनके
ले नहीं पाता हूँ चाहने पर भी

फिर भी इस 'मैं' का निरन्तर यही प्रयास है कि उस भिन्न वर्ग से एकात्म स्थापित कर ले और इस प्रकार मुक्ति की प्राप्ति करे; क्योंकि उसे पूरा विश्वास है कि "कभी अकेले में मुक्ति, न मिलती/यदि वह है तो सबके ही साथ।" एक तरह से देखें तो मुक्तिबोध की कविताओं में काव्य-नायक के रूप में व्यक्त होनेवाला यह चरित्र उन कविताओं का अभिप्रेत या सम्भाव्य पाठक भी है, जिसे ये सम्बोधित प्रतीत होती हैं। निश्चय ही यह काव्य-नायक मुक्तिबोध का प्रतिरूप नहीं है और न इसे मुक्तिबोध समझने का भ्रम ही होना चाहिए। यह कवि की कल्पसृष्टि है—बल्कि कल्पदृष्टियों में से एक ठीक उसी तरह जैसे 'एक साहित्यिक की डायरी' का 'मैं' और 'क्लाड ईथरली', 'पक्षी और दीमक', 'विपात्र' आदि कहानियों का 'मैं'। इस चरित्र को प्रबुद्ध, प्रेरित और सक्रिय करके उसकी आस्था को दृढ़ करने के लिए ही मुक्तिबोध ने यह आत्मपरक ढंग अपनाया है। अभिप्रेत यही है कि "गुप्त स्वार्थों और चालाक बेईमानियों की इस सभ्य तानाशाही के दबाव" के सम्मुख अपने चरित्र का खरापन और अपना मानवीय गौरव बनाये रखते हुए ऐसा संगठित सामूहिक जन-प्रयास किया जाये कि यह स्थिति बदले—समाप्त हो; कहने की आवश्यकता नहीं कि 'पक्षी और दीमक' तथा 'विपात्र' की सांस्कृतिक संस्था का संसार भी आज की व्यवस्था का ही एक छोटा नमूना है और इस प्रकार मुक्तिबोध के काव्य-संसार की उक्त पटभूमि का ही प्रतिरूप है। इसी प्रकार 'क्लाड ईथरली' का पागलखाना भी मुक्तिबोध की कविताओं की तिलिस्मी गुहा और तहखाने की याद दिलाता है। काव्य-संसार के विभिन्न मध्यवर्गीय चरित्रों की तरह इन कहानियों में ऐसे चरित्र मिलते हैं, जिनमें से कुछ व्यवस्था के क्रीतदास हैं तो कुछ एकदम असंग-उदासीन और कुछ बेचैन, विक्षुब्ध, आत्मचेतस्। इन कहानियों में भी एक दमघोंट वातावरण से मुक्ति की छटपटाहट व्यक्त हुई है। संक्षेप में यह है मुक्तिबोध के समूचे साहित्य के सन्दर्भ की मोटी रूपरेखा। उनके केन्द्रीय कृति-कथ्य का निरूपण इसी सन्दर्भ में समीचीन है।

'एक साहित्यिक की डायरी' के 'डबरे पर सूरज का बिम्ब' शीर्षक आलेख में एक नवोदित लेखक कहता है कि "में उस भयानक मशीन का चित्रण करनेवाली कहानी नहीं बल्कि उपन्यास लिखनेवाला हूँ जिसमें हर आदमी वह नहीं है जो वह वस्तुतः है, या होना चाहेगा।" क्या मुक्तिबोध का सारा साहित्य ही वह उपन्यास नहीं है? 'विपात्र' की सांस्कृतिक संस्था 'चाँद का मुँह टेढ़ा है' का 'काँइयाँ चाँट चम्बल की घाटी में' का डरावना डाकू, 'इस चौड़े ऊँचे टीले पर' का भुतहा बंगला, 'अँधेरे में' की किसी मृत दल की शोभा यात्रा आदि वह भयानक मशीन या उस मशीन के ही पुर्जे नहीं तो क्या हैं? किन्तु विशेष रूप से ध्यान देने योग्य है मशीन का यह घातक प्रमाद कि उसके चलते हर आदमी वह नहीं है जो वह वस्तुतः है या होना चाहेगा। दूसरे शब्दों में यह ऐसा तन्त्र है जिसमें आदमी अपना वास्तविक रूप ही नहीं खो बैठता बल्कि अपनी सारी सम्भावनाओं से भी वंचित रह जाता है। इस प्रकार एक व्यापक अलगाव पैदा होता : जो **है** और जो **वस्तुतः है** के बीच; जो **वस्तुतः** है और जो **होना चाहता** है के बीच। यह 'अलगाव' पूरे समाज के स्तर पर वर्ग-भेद है तो व्यक्ति के स्तर पर अस्मिता का लोप। पूँजीवाद का विश्लेषण करते हुए मार्क्स ने 'अलगाव' के वैयक्तिक से लेकर सामाजिक स्तर तक व्याप्त सभी पक्षों का उद्घाटन किया है। मार्क्स के अनुसार पूँजीवादी व्यवस्था में इस अलगाव के शिकार सभी वर्गों के लोग होते हैं किन्तु इसका सबसे घातक प्रभाव मज़दूर वर्ग पर पड़ता है—इस हद तक कि वह सर्वहारा हो जाता है।

मुक्तिबोध ने अपनी रचनाओं में ख़ास तौर से इस 'अलगाव' पर दृष्टि केन्द्रित की है, किन्तु उनके सम्मुख इस 'अलगाव' का प्रमुख आलम्बन निम्न मध्यवर्ग है। निम्न-मध्यवर्ग का अलगाव उनके साहित्य का विषय शायद इसलिए है कि फ़िलहाल यही वर्ग साहित्य का सुलभ सम्बोधित पाठक है। वैसे, वर्ग के रूप में निम्न-मध्यवर्ग के रूप में निम्न-मध्यवर्ग को लेकर मुक्तिबोध को कोई मुगालता नहीं है। 'विपात्र' के 'बाँस' के दरबार में शिक्षित मध्यवर्गीय व्यक्तियों के व्यवहार का यथार्थ चित्र इस वर्ग के सामूहिक नपुंसकत्व की स्पष्ट घोषणा करता है। इसी वर्ग को 'चम्बल की घाटी में' घूमनेवाले डाकू की कुर्सी कहा गया है; और अन्त में 'अँधेरे में'

कविता के पागल की आत्मभर्त्सना में इसी वर्ग की कटु समीक्षा है। किन्तु इन सबके बावजूद इसी वर्ग में मुक्तिबोध को सम्भावना के बीज भी दिखायी पड़ते हैं और मुक्तिबोध के कवि-व्यक्तित्व का यही वह पहलू है जो उन्हें **खूँखार सिनिक, संशयवाद** होने से बचा लेता है। इसीलिए उनका साहित्य मध्यवर्ग की कोरी भर्त्सना और कटु आलोचना-मात्र नहीं बल्कि उन्हीं के शब्दों में **मर्मी आलोचना** है, जिसकी व्याख्या उन्होंने इस प्रकार की है : "मर्मी आलोचना ऊपर **से चाहे जितनी कठोर** और खुरदुरी हो, अन्ततः उसमें एक बड़ी भारी श्रद्धा होती है और यह कि मनुष्य में सुधार किया जा सकता है, यह कि मनुष्य अपनी कमज़ोरियों के ऊपर उठ सकता है।... यह श्रद्धा व्यक्तिविशेष पर श्रद्धा नहीं है, किन्तु उसके सुषुप्त या जाग्रत सामर्थ्य पर श्रद्धा है।" इस प्रसंग में मुक्तिबोध कहते हैं कि इस बुनियादी श्रद्धा के फलस्वरूप इतना सारा साहित्य लिखा गया है। वास्तविकता यह है कि मनुष्य के निहित सामर्थ्य पर यदि यह बुनियादी श्रद्धा न हो तो फिर साहित्य की आवश्यकता क्या है? इसी बुनियादी श्रद्धा के कारण मुक्तिबोध यह कहते हैं कि "हम सब लोग ऐसे डबरे हैं जो अपने भीतर सूरज का प्रतिबिम्ब धारण किये हैं।" वे 'डबरे पर सूरज का बिम्ब'-जैसे जीवन्त बिम्ब के द्वारा हर डबरे को या जो अपने-आपको डबरा समझता है उसे उसके खुद के भीतर निहित सूरज के बिम्ब के प्रति आत्मसजग करना चाहते हैं। इसीलिए उनकी रचनाओं में मानव की इस अन्तर्निहित शक्ति के बिम्ब प्रायः मिलते हैं। अन्तस्तल में छिपी हुई 'विक्षोभ-मणियाँ' और 'विवेकरत्न' ऐसे ही बिम्ब हैं। इसी प्रसंग में 'परित्यक्त शिशु' का भी उल्लेख किया जा सकता है और 'मुझे पुकारती हुई पुकार खो गयी कहीं' का भी। मुक्तिबोध की कविताओं में एकाधिक बार प्रकट होनेवाला वह 'रक्तालोक-स्नात पुरुष' भी मनुष्य की इसी अन्तः-सम्भावना का मूर्त रूप है।

मुक्तिबोध ने जहाँ मनुष्य की इस सामर्थ्य-सम्भावना को पहचाना है, वहीं इस तथ्य को भी उन्होंने अनदेखा नहीं किया है कि बहुत-से लोग अपनी इस सामर्थ्य-सम्भावना से बेखबर हैं। यह आत्म-विस्मृति सदा अनायास ही नहीं होती, बल्कि सायास भी होती है। लाभ-लोभ या भय-आतंक के कारण बहुत-से लोग अपने इस पक्ष को जान-बूझकर मन के तहखाने में डाल देते हैं।

'क्लाड ईथरली' कहानी में मुक्तिबोध कहते हैं कि "हमारे अपने-अपने मन-हृदय-मस्तिष्कों में ऐसा ही एक पागलखाना है जहाँ हम उन उच्च पवित्र और विद्रोही विचारों और भावों को फेंक देते हैं।" 'अँधेरे में' कविता में भी एक पागल है जिसका गाना सुनने के बाद काव्य-नायक को लगा कि "व्यक्तित्व अपना ही, अपने से खोजा हुआ/वही उसे अकस्मात मिलता था रात में।" यह पागल तहखाने या पागलखाने में नहीं बल्कि एक बरगद के तले पड़ा रहता है। यहाँ तहखाने में—तिलिस्मी गुफा में रहनेवाला 'रक्तालोक-स्नात पुरुष' है। यह पुरुष स्वेच्छा से गुहावास कर रहा है या उसे किसी ने गुहावास दिया है, यह स्पष्ट नहीं कहा गया है, किन्तु प्राकृत गुहा में जल-प्रपात के अन्दर चमकती हुई मणियों के बारे में स्पष्ट कहा गया है कि "हाय-हाय मैंने उन्हें गुहावास दे दिया।"

मुक्तिबोध ने 'एक साहित्यिक की डायरी' में 'कलाकार की व्यक्तिगत ईमानदारी' पर विचार करते हुए इस प्रकार के 'सेंसर्स' यानी 'गहरे अन्तर्निषेधों' का विस्तार से विश्लेषण किया है। जिस तरह इन अन्तर्निषेधों के ख़िलाफ़ संघर्ष करने से कलाकार की ईमानदारी प्रकट होती है, उसी तरह सामान्य मनुष्य के लिए भी ईमानदारी का तकाजा है कि वह अपने अन्तर्निषेधों से संघर्ष करे। इसीलिए मुक्तिबोध ने आत्म-संघर्ष पर इतना अधिक बल दिया है। वैसे तो विभक्त मन के दो पक्षों में आत्म-संघर्ष की प्रवृत्ति स्वाभाविक है, पर बहुत-से लोग इन दोनों पक्षों के बीच **शान्तिपूर्ण सहअस्तित्व** की स्थिति स्थापित करके सहज आत्म-संघर्ष को दबा देते हैं। इसीलिए मुक्तिबोध को आत्म-संघर्ष पर विशेष बल देने की आवश्यकता पड़ी। किन्तु आत्म-संघर्ष ही काफ़ी नहीं है। मुक्तिबोध यह मानते हैं कि "आत्मपक्ष और परिस्थिति-पक्ष एक ही वास्तविकता के दो अंग हैं और इन दोनों में गहरे अन्तःसम्बन्ध हैं।" 'इस प्रकार आत्म-संघर्ष का गहरा सम्बन्ध बाह्य सामाजिक संघर्ष से है', ज़ाहिर है कि सामाजिक संघर्ष में भाग लेकर ही इस आत्म-संघर्ष को निर्णायक दिशा की ओर उन्मुख किया जा सकता है। इसलिए मुक्तिबोध की अधिकांश कविताओं का अन्त किसी हड़ताल या जन-आन्दोलन अथवा किसी जनक्रान्ति के आरम्भ से होता है और काव्य-नायक कभी तो उस आन्दोलन या क्रान्ति का द्रष्टा मात्र होता है

और कभी उसका प्रेरक। जो भी हो किसी-न-किसी रूप में काव्य-नायक उस घटना से अपना लगाव ज़रूर महसूस करता है। इस तरह आत्म-संघर्ष की परिणति अन्ततः सामाजिक संघर्ष में होती है। कुल मिलाकर मुक्तिबोध के सम्पूर्ण साहित्य के कथ्य का बुनियादी ढाँचा यही है। यह सही है कि प्रत्येक रचना में यह पूरा ढाँचा नहीं आ सका है, किन्तु अपनी आंशिक सीमा में भी हर रचना किसी-न-किसी प्रकार इस समग्र कथ्य का आभास अवश्य देती है।

स्पष्टतः इसी ढाँचे में न रहस्यवाद के लिए गुंजाइश है और न अस्तित्ववाद के लिए। फिर भी कुछ आलोचक हैं जिन्हें मुक्तिबोध में रहस्यवाद भी दिखायी पड़ता है और अस्तित्ववाद भी। 1969 के 21 और 28 दिसम्बर के धर्मयुग में डॉ. रामविलास शर्मा ने 'मुक्तिबोध का आत्म-संघर्ष और उनकी कविता' शीर्षक जो लम्बा लेख प्रकाशित किया है, उसमें मुक्तिबोध की कविता में रहस्यवाद और अस्तित्ववाद दोनों के तत्त्व सोदाहरण निरूपित किये गये हैं। रहस्यवाद और अस्तित्ववाद पैदा होते हैं आत्मग्रस्तता से और डॉ. शर्मा की धारणा है कि मुक्तिबोध बाहर की दुनिया में मार खाकर अन्तर्मुख तथा आत्मग्रस्त हो गये। किन्तु मुक्तिबोध की एक भी कविता ऐसी नहीं है जिसमें नितान्त अन्तर्मुखता हो। सर्वत्र अन्तर्मुखता के साथ बहिर्मुखता अनिवार्यतः जुड़ी चली आती है। उदाहरण के लिए डॉ. शर्मा ने जिन तीन कविताओं—'मुझे पुकारती हुई पुकार', 'कल जो हमने चर्चा की थी' और 'एक स्वप्न-कथा' के आधार पर रहस्यवाद और अस्तित्ववाद की स्थापना की है, उनमें भी कवि की आत्मपीड़ा का आधार जगत-पीड़ा ही है। 'मुझे पुकारती हुई पुकार' में 'प्राण की उदास भूमि' के साथ "उजाड़ विश्व" की "समस्त नग्नता" का चित्र है। 'कल जो हमने चर्चा की थी' में चर्चा के अन्तर्गत स्पष्ट कहा गया है कि "देश-देश की पीड़ाओं के उन सत्यों की बातें की थीं।" और 'एक स्वप्न-कथा' में तो स्वप्न के सागर तल पर एक ऐसा जुलूस दिखता है जिसमें जाने-पहचाने 'नेता-विक्रेता, अफ़सर और कलाकार'-जैसे अनगिन चरित्र शामिल हैं। क्या ये बाहरी दुनिया के सारे चित्र आत्मग्रस्त चित्र के निजी बिम्ब हैं?

'मुझे पुकारती हुई पुकार' कविता में डॉ. शर्मा को रहस्यवाद इसलिए दिखा कि उसमें एक पंक्ति है : 'तिमिर-विवर में पड़ी अशान्त नागिनी'! 'नागिनी' दिखते ही बोल उठे कि "वह कुंडलिनी है।" 'कल जो हमने चर्चा की थी' कविता में तो और भी सुविधा है : क्योंकि उसमें साफ़-साफ़ 'कुंडलिनी' का ही ज़िक्र है और साथ-साथ 'इड़ा-पिंगला-सुषुम्ना' का भी। इतने प्रमाण एकत्र मिलने पर वे क्यों न मुक्तिबोध में हठयोगियों का 'साधनात्मक रहस्यवाद' देखें ख़ास तौर से तब जब कविता में ज्वालामुखियों के गर्भ में उतरने की बात भी कही गयी हो और आगे चलकर 'एक स्वप्न-कथा' में काले सागर के तल में पैठने का भी ज़िक्र हो।

इसमें कोई शक नहीं कि ये सारे प्रतीक नये-पुराने रहस्यवादी कवियों के हैं किन्तु सवाल यह है कि मुक्तिबोध ने इनका इस्तेमाल किस प्रकार किया है और कविता के कथ्य के ढाँचे में ये प्रतीक क्या अर्थ ग्रहण करते हैं? 'तिमिर-विवर में पड़ी अशान्त नागिनी' के मुख से रहस्यानुभूति का अमृत नहीं झरता है, बल्कि "भूल-चूक ध्वंसिनी अनावृता हुई।" यही नहीं बल्कि पुकारती हुई "पुकार ने समस्त खोल दी छिपी प्रवंचना।" यह प्रवंचना रहस्यवादियों का आन्तरिक पाप-बोध नहीं बल्कि किसी "उजाड़ प्रान्त की महान मानवी कथा" से जुड़ी हुई है। निस्सन्देह कवि के अनुसार बाहर से पुकारती हुई यह पुकार वस्तुतः उसके अन्दर की ही है किन्तु इतने ही से वह रहस्यवादी नहीं हो जाती। इससे इतना ही प्रमाणित होता है कि "आज भी नवीन प्रेरणा यहाँ न मर सकी/न जी सकी, परन्तु वह न डर सकी।" क्या प्रेरणा का यह स्वर रहस्यवाद है?

'कल जो हमने चर्चा की थी' में रहस्यवादी रहस्य की शोध करते-करते डॉ. शर्मा ने जिस कौशल से मुक्तिबोध की 'सूर्यकन्या' को पोलिश महिला अग्न्येश्का में बदल दिया है, उस 'भौतिकवाद' की जितनी दाद दी जाये, कम है! इस शोध से मुक्तिबोध के रहस्यवाद का उद्घाटन हो न हो, आलोचना के तिलिस्मी, ऐयारी और जासूसी रूप की एक झलक अवश्य मिल जाती है। बचे, इड़ा-पिंगला-सुषुम्ना और कुंडलिनी-जैसे चिर-परिचित रहस्यवादी प्रतीक। क्या ये प्रतीक इस कविता में किसी रहस्यानुभूति का विवरण उपस्थित करते हैं? क्या इस कविता में मुक्तिबोध यह कह रहे हैं कि कल

जो हमने चर्चा की थी, वह योग साधना का कोई रहस्यात्मक अनुवाद था? क्या इस कविता में मुक्तिबोध अग्न्येश्का को उत्तरसाधिका या योगिनी बनाकर कोई गुह्य साधना करते दिखाई पड़ रहे हैं?

निस्सन्देह इस कविता में एक बातचीत के तीव्र अनुभव का भावावेगपूर्ण वर्णन है, किन्तु ज़रूरी नहीं कि यह बातचीत सचमुच किसी और से—किसी समानधर्मा से ही हुई हो। मुक्तिबोध की अन्य कृतियों की तरह यह बातचीत अपने-आपसे भी हो सकती है। चर्चा का विषय है देश-देश की पीड़ाएँ। इन पीड़ाओं का विश्लेषण ऐसा है जैसे कोई ज्वालामुखियों में उतरकर जीवन की सच्चाई और सही बात के उत्तर ढूँढ़ रहा हो! कहने को यह अपना ही अन्तस्तल है, पर एक तरह से यह जन-मन का भी अन्तस्तल कहा जा सकता है। "आस्था का अक्षयवट" यहीं मिलता है और "वेगवान पीड़ा की कन्या" भी जो अपने गुणों में "कर्मनिष्ठा जनजन्या" है। यह कन्या जितनी पृथ्वीतनया है, उतनी ही सूर्यकन्या भी। मुक्तिबोध के शब्दों में "आत्मा का प्रतीक है सूरज" तथा जन-अनुभव "पृथ्वी के भीतर की रज" है। न यह सूरज कोई रहस्य है और न यह धरती। वस्तुतः इस कविता में भी जगत-जीवन की पीड़ाओं के बीच आस्था की प्राप्ति के अनुभव का प्रतीकात्मक चित्र है। कविता के इस कथ्य की आँच में सारे रहस्यवादी प्रतीक पिघलकर नितान्त लौकिक सामयिक अर्थ-दीप्ति प्राप्त कर लेते हैं।

इस तरह देखें तो 'एक स्वप्न-कथा' रहस्यवाद से और भी मुक्त है। वैसे, रहस्यवाद ढूँढ़नेवालों के लिए इसमें "एक अनहद नाद निनादित सर्वतः" भी मौजूद है। 'एक स्वप्न-कथा' में आदि से अन्त तक एक "सियाह समुन्दर" लहराता है। प्रश्न है : "काले समुन्दर की व्याख्या क्या, भाष्य क्या?" एक रहस्यवाद-खोजी की नज़र में यह उपचेतन है। किन्तु यह कैसा उपचेतन है जिसके बारे में मुक्तिबोध यह कहते हैं कि "इस काले सागर का/सुदूर स्थित पश्चिम किनारे से/ज़रूर कुछ नाता है/इसीलिए हमारे पास सुख नहीं आता है।" क्या फ्रायड या युंग के उपचेतन को भी इस "पश्चिम किनारे" से नाते का अहसास था? कवि फिर कहता है कि "सहस्रों वर्षों से यह सागर/उफनता आया है/उसका तुम भाष्य करो। उसका व्याख्यान करो।"

व्याख्यान करता है सागर से उठा हुआ पर्वताकार भयानक देव :
शोषण की अतिमात्रा
स्वार्थों की सुखयात्रा
जब-जब सम्पन्न हुई
आत्मा से अर्थ गया, मर गयी सभ्यता।
भीतर की मोरियाँ अचानक खुल गयीं।
जल की सतह मलिन
ऊँची होती गयी
अन्दर सूराख़ से
अपने उस पाप से
शहरों के टावर सब मीनारें डूब गयीं
काल-समुन्दर ही लहराया, लहराया।

ऊपर की पंक्तियों से स्पष्ट है कि भीतर की जिन मोरियों के खुलने से यह काला समुन्दर लहराया है, वे "शोषण की अतिमात्रा" से बनी हैं। ये "आभ्यन्तर ग्रन्थियाँ" वस्तुतः "बहिःसमस्याएँ" ही हैं। मणि के समान चमकनेवाली स्फूर्तियाँ इसी सागर की जल-खोहों में डूब जाने को विवश हुई हैं। ये मणियाँ किसी रहस्यवादी साधक के आत्मसत्य के समान मन के अन्दर पहले ही से छिपी नहीं बैठी हैं जो नाक-आँख मूँदकर प्राण-मात्र साधने से उपलब्ध हों।

निस्सन्देह इस कविता में मुक्तिबोध ने एक ऐसे पत्थर का प्रतीक लिया है जो "पूरे ब्रह्माण्ड की केन्द्र-क्रियाओं का तेजस्वी अंश हो।" किन्तु यह "युगानुग तिमिर सागर के विरुद्ध निज आत्मा की महत्त्वपूर्ण सत्ता" के द्वारा अपने वास्तविक अर्थ का उद्घाटन करता है। यह पत्थर कोई शाश्वत-सनातन **सत्य** नहीं है, बल्कि मुक्तिबोध की दृष्टि में इसका स्वरूप **ऐतिहासिक** है। इसके पूर्व इतिहास की ओर संकेत करने के लिए ही कविता में "यह ख़याल आता है कि एक ज्ञानी पूर्वज ने नदी का पानी काट, मन्त्र पढ़ते हुए गहन जलधारा में गोता लगाया था और एक गोलमोल मनोहर तेजस्वी शिलाखण्ड तपोमय जल में से निकाला था और उसे देव बना पूजा की।" इस पुरागाथा से यह ध्वनित होता है कि मुक्तिबोध स्वयं भी उसी

पत्थर को खोज रहे हैं जिसे वे देव बनाकर पूजा कर सकें? मुक्तिबोध आज के युग में भी वह ज्ञानी पूर्वज होना चाहते हैं या उसके देव-पूजन को एक निश्चित ऐतिहासिक अर्थ देने का प्रयास कर रहे हैं? स्पष्टतः मुक्तिबोध की दृष्टि में जिस तरह "सहस्रों वर्षों से" यह सागर उफनता आया है, उसी तरह "सहस्रों वर्षों से" उसे थाहकर पत्थर निकालने का भी प्रयास होता आया है। यह पत्थर उतना ही **ऐतिहासिक** है जितना सागर। कभी उस पत्थर का रूप धार्मिक था, लेकिन आज भी उसका धार्मिक होना आवश्यक नहीं है। हाँ, उसकी प्राप्ति में जान का जोखम तब भी था और अब भी है। कहने की आवश्यकता नहीं कि यह ऐतिहासिकता रहस्यवाद नहीं, बल्कि रहस्यवाद का दुश्मन है।

डॉ. शर्मा का यह कथन शुद्ध कपोल-कल्पना है कि मुक्तिबोध उस ज्ञान से उकता उठे थे जो सतत विकासमान हो और उन्हें चाहिए था पूर्ण ज्ञान। यदि उन्हें 'पूर्ण ज्ञान' से सन्तोष करना होता तो वे 'एक साहित्यिक की डायरी' में यह न लिखते कि "ज्ञान को अधिकाधिक मार्मिक यथार्थमूलक और विकसित करने का जो संघर्ष है वह वस्तुतः कलाकार का सच्चा संघर्ष होता है" क्या वह कवि सतत विकासमान ज्ञान से उकता उठा था जो "निरन्तर वस्तु-तत्त्व के वस्तुमूलक आकलन" पर बल देता रहा, जो यह मानता था कि "लेखक की निष्ठा और आत्मविश्वास कोई ऐसी शक्ति नहीं है जो उसके साहित्य को फ्रॉड बन जाने से बचाये" जो यह कहता था कि "ईमानदारी के भीतर ही एक बहुत बड़ा संघर्ष होता है" और जिसका यह विश्वास था कि "जीवन-जगत का जो बोध है उसका व्यापक होना, पुष्ट होना, विश्व में ज्ञान का जो आज विकास-स्तर प्राप्त है, उसको आत्मसात करना और उससे आगे बढ़ना आवश्यक है।" यदि मुक्तिबोध को वही पूर्ण ज्ञान अभीष्ट होता जो रहस्यवाद दे सकता है तो फिर इतने तीव्र आत्म-संघर्ष की आवश्यकता क्या थी? मुक्तिबोध का आत्म-संघर्ष इस बात का प्रमाण है कि उन्हें उसी ज्ञान की तलाश थी जो सतत विकासमान हो। मार्क्सवाद पूर्ण ज्ञान का दावा नहीं करता, इस बात का एहसास मुक्तिबोध को उन लोगों से कहीं ज़्यादा था जो तोता रटन्त इस वाक्य को दुहराते रहने के बावजूद व्यवहार

में मार्क्सवाद के लिए ही पूर्ण ज्ञान का दावा नहीं करते बल्कि मार्क्सवाद के बारे में अपने पूर्ण ज्ञान का भी दावा करते हैं। मार्क्सवाद पूर्ण ज्ञान का दावा भले न करे, मार्क्सवादी तो कर ही सकता है और ऐसी हालत में जब कि स्वयं मुक्तिबोध ने अपनी कृतियों में अपने-आपको मार्क्सवादी न कहा हो, उन्हें ग़ैर-मार्क्सवादी साबित करना और भी आसान हो जाता है।

'एक स्वप्न-कथा' ऐसी कविता है, जिसमें डॉ. रामविलास शर्मा के अनुसार "मुक्तिबोध फिर मनोविश्लेषण-शास्त्र, रहस्यवाद, अस्तित्ववाद और मार्क्सवाद में सामंजस्य स्थापित करने का प्रयत्न करते हैं।" इस प्रयत्न में यदि किसी की संगति नहीं बैठती है तो मार्क्सवाद की : क्योंकि कविता के अन्त में "क्षोभ-विद्रोह-भरे संगठित विरोध" के "साहसी समाज" को जो जहाज़ 'अकस्मात्' आता है उसकी कोई संगति नहीं है। संगति न होने का कारण है 'अकस्मात्', क्योंकि जो जहाज़ अकस्मात् आता है, वह अकस्मात् डूब भी सकता है। डॉ. शर्मा का जितना ध्यान 'अकस्मात्' पर है, उतना यदि 'स्वप्न-कथा' पर होता तो शायद इस जहाज़ की संगति पर ऐसी आपत्ति न होती! यदि इस स्वप्न-कथा में मार्क्सवाद के प्रतीक जहाज़ की संगति नहीं है तो फिर मनोविश्लेषण-शास्त्र के प्रतीक उन पक्षियों की क्या संगति है जो सहस्रों वर्षों से उफनते हुए सागर का भाष्य करने की सीख देते हैं? फिर क्या संगति है रहस्यवाद के प्रतीक उस पत्थर की जो "पूरे ब्रह्माण्ड की क्रियाओं का अंश" है और जिसे सागर तल में खोजना है। इसी तरह ग्लानिकर लहरों में गश आना, सतहों पर छटपटाकर गिरना, माथे पर चोट लगना, लहरों द्वारा रक्त का चूसा जाना आदि अस्तित्ववादी भावजगत् के कार्यक्रम की भी संगति है? स्वप्न-कथा के अन्दर यदि संगति है तो उन सभी की जो किसी-न-किसी तरह सागर से सम्बद्ध हैं या फिर किसी की नहीं। एक बात और ध्यान देने योग्य है कि 'एक स्वप्न-कथा' स्वप्न नहीं बल्कि 'फ़ैंटेसी' में रची हुई कविता है, जिसकी रचना-प्रक्रिया पर मुक्तिबोध ने 'एक साहित्यिक की डायरी' के अन्तर्गत 'तीसरा क्षण' में विस्तार से लिखा है। बुनियादी भ्रम वहीं है जहाँ सियाह सागर को मनोविश्लेषण के 'उपचेतन' का प्रतीक मान लिया जाता है : जबकि कविता के अन्तर्गत यह सियाह सागर एक गतिशील प्रतीक की तरह हर नये स्वप्न-चित्र में अपना रूप बदलता जाता है।

इसीलिए इस कविता में मनोविश्लेषण-शास्त्र और रहस्यवाद देखना उतना ही गलत है जितना अस्तित्ववाद देखना। डॉ. शर्मा ने जिन क्रियाकलापों के आधार पर इस कविता में अस्तित्ववाद का निरूपण किया है, उससे लगता है कि उनकी दृष्टि में अस्तित्ववाद कोई निश्चित जीवन-दृष्टि नहीं बल्कि भावजगत् के कुछ क्रियाकलापों की रूढ़ियों का सामूहिक नाम है। उन्हें जब मुक्तिबोध में दुनिया को लिजलिजी कहने, उसे देखकर उबकाई आने, सड़ने, कनखजूरे रेंगने आदि की क्रियाएँ नहीं मिलतीं तो वे कह उठते हैं कि मुक्तिबोध का अस्तित्ववाद सार्त्र की भावभूमि से अलग है। लेकिन इसके बाद जब 'चम्बल की घाटी में' "ख़ामोश सिसकियाँ भरनेवाला मन" दिखाई पड़ता है तो वे चट बोल पड़ते हैं कि यह कीर्केगार्द और काफ्का के प्रदेश में विचरण करनेवाला अस्तित्ववाद है। इस प्रकार यदि ग्लानिकर सागर में गश खाना और टीले पर ख़ामोश सिसकियाँ भरना ही अस्तित्ववाद है तो कहने की आवश्यकता नहीं कि इस अस्तित्ववादी तम्बू के नीचे दुनिया का बहुत सारा साहित्य आ जायेगा। दरअसल सवाल भावजगत् के उस ढाँचे का है जिसमें ये क्रियाकलाप एक निश्चित अस्तित्ववादी अर्थ ग्रहण करते हैं और तय है कि मुक्तिबोध की 'एक स्वप्न-कथा' कविता के भावजगत् का ढाँचा उनकी अन्य कविताओं की ही तरह अस्तित्ववादी ढाँचे से बाहर पड़ता है। यदि ऐसा न होता तो 'एक स्वप्न-कथा' में ये पंक्तियाँ न होतीं :

मैं ही नहीं वरन्
अन्य अनेक जन
दुखों के द्रोहपूर्ण
शिखरों पर चढ़कर के
देखते
विराट् उन दृश्यों को!

अस्तित्ववादी अन्तर्मुख अकेला व्यक्ति इस प्रकार 'अनेक जन' की बात सोच भी नहीं सकता—स्वप्न में भी नहीं।

मुक्तिबोध पर अस्तित्ववाद के प्रभाव के रूप में एक और बात कही गयी है—अपराध-बोध या पाप-बोध। इस सन्दर्भ में यह भी कहा गया है कि

आत्मभर्त्सना का ऐसा प्रखर स्वर हिन्दी के किसी दूसरे कवि की रचनाओं में नहीं सुनाई देता। मुक्तिबोध की रचनाओं में आत्मभर्त्सना का स्वर असन्दिग्ध है लेकिन इस आत्मभर्त्सना को स्वयं मुक्तिबोध की आत्मभर्त्सना कहना भारी भ्रम है। वस्तुतः मुक्तिबोध ने अपनी रचनाओं में 'मैं' के द्वारा अपने पूरे वर्ग मध्यवर्ग की आत्मभर्त्सना को अभिव्यक्त किया है। इसलिए इस अपराध-बोध को अस्तित्ववादी व्यक्ति की अपराध-स्वीकृति समझना भूल है।

इसी प्रकार मुक्तिबोध की कविताओं में जहाँ कहीं काव्य-नायक अपनी दुर्बलता और असमर्थता स्वीकार करता दिखायी पड़ता है, वहाँ उसे स्वयं मुक्तिबोध के साथ चिपकाकर अस्तित्ववादी प्रभाव का प्रमाण पेश कर दिया गया है। उदाहरण के लिए 'अँधेरे में' कविता में काव्य-नायक का यह कथन कि "यह भी तो सही है कि कमज़ोरियों से ही लगाव है मुझको।" ऐसा लगता है कि मुक्तिबोध जैसे इस आशंका से पूर्ण परिचित थे। उन्होंने 'एक साहित्यिक की डायरी' में एक सच्चे लेखक को आलोचक से अलगाते हुए लिखा है कि "आलोचक साहित्य का दारोगा है।" माना कि दारोगापन बहुत बड़ा कर्तव्य है—साहित्य, संस्कृति, समाज, विश्व तथा ब्रह्माण्ड (वही 'ब्रह्माण्ड' जिससे डॉ. रामविलास शर्मा बहुत पीड़ित हैं—ना) के प्रति। लेकिन मुश्किल यह है कि वह जितना ऊँचा उत्तरदायित्व सिर पर ले लेता है, अपने को उतना ही महान अनुभव करता है। और सच्चा लेखक जितनी बड़ी ज़िम्मेवारी अपने सिर पर ले लेता है, स्वयं को उतना ही अधिक तुच्छ अनुभव करता है। उसे अपनी अक्षमता और आत्मसीमा का साक्षात् बोध होता रहता है। ऐसा क्यों? इसलिए कि वह अपनी अभिव्यक्ति की तुलना जी में धड़कनेवाले केवल वस्तु-सत्य से ही नहीं करता, वरन् अपनी स्वयं की साक्षात्कार-सामर्थ्य की तुलना उस वस्तु-सत्य की विशालता से करता है। आत्म-सत्य भी कह सकते हैं उसे, जिसकी धारणा के लिए उसे लगता है कि जितनी आवश्यक मनःशक्ति उसमें होनी चाहिए, उतनी नहीं है। कभी-कभी तो उसे केवल आभास-संवेदन से ही काम चला लेना पड़ता है। तब अपनी विषय-वस्तु की विशालता और गहराई की तुलना में लेखक अपने को हीन क्यों न अनुभव करे, जबकि वह ख़ूब जानता है कि उसने जो कुछ वस्तुतः सम्पन्न किया है, उससे भी अच्छा किया जा सकता था। विषय-वस्तु के प्रति लेखक का यह

संवेदनात्मक उत्तरदायित्व उसकी मनःशक्ति को किस तरह भंग किये रखता है, यह किसी सच्चे लेखक से ही जाना जा सकता है।

इस कथन के बावजूद यदि कोई आलोचक कवि मुक्तिबोध की अक्षमता सम्बन्धी आत्म-स्वीकृतियों की अस्तित्ववादी व्याख्या करता है, तो उसे साहित्य का दारोगा ही समझना चाहिए। इस वक्तव्य के आलोक में मुक्तिबोध की रचनाओं के उस 'मैं' की अक्षमताओं को भी समझा जा सकता है जो मध्यवर्ग का सबसे संवेदनशील और जाग्रत व्यक्ति है। जिसे अपने अभीष्ट सामाजिक उत्तरदायित्व की विशालता के सम्मुख आत्म-साक्षात्कार का पीड़ा भरा बोध भी तुच्छ लगता है। आत्म-संघर्ष इसी पीड़ा की उपज है और कहने की आवश्यकता नहीं कि मुक्तिबोध के साहित्य का यह आत्म-संघर्ष अस्तित्ववादी आत्मपीड़न से भिन्न ही नहीं, बल्कि उससे बहुत आगे बढ़कर मार्क्सवादी सिद्धान्त और कर्म की सीमा में प्रवेश करता है। वे मार्क्सवाद के साथ रहस्यवाद के समन्वय का प्रयत्न नहीं करते बल्कि मार्क्सवादी जीवन-दृष्टि के द्वारा इन दोनों की सीमाओं का अतिक्रमण करते हैं। यदि मुक्तिबोध की किसी कविता का 'मैं' कभी मन की गुहा में पैठता है, कभी अकेलेपन की निराशा में डूबता है और कभी जन-क्रान्ति के स्वप्न में डूबकर मुक्ति का अनुभव करता है तो इसका यह मतलब नहीं कि मुक्तिबोध रहस्यवाद और अस्तित्ववाद के साथ मार्क्सवाद के समन्वय का प्रयत्न करते हैं। सवाल पूरी कविता के कथ्य के ढाँचे में इन स्थितियों के नियोजन का है और काव्यबोध की समग्रता का तकाजा है कि इन स्थितियों का मूल्यांकन ख़ण्डशः अलग-अलग वाद के रूप में करने के बजाय उन्हें एक अखण्ड काव्य-कथ्य के अंग के रूप में देखा जाये। इस दृष्टि से देखने पर ज़ाहिर है कि मुक्तिबोध की रहस्यात्मक-से-रहस्यात्मक कविता भी रहस्यवादी नहीं है और वैयक्तिक निराशा के गहरे-से-गहरे अन्धकार में डूबी हुई कविता भी अस्तित्ववादी नहीं है। मुक्तिबोध की संकल्पधर्मा चेतना का रक्त-प्लावित स्वर, सारे कुहासे, अनिश्चय, संशय, एकाकीपन, बेचैनी, अपराध-बोध, स्वप्न-दृष्टि, आशा, आकांक्षा, दुर्बलता, दृढ़ता आदि अनेक मनःस्थितियों को अपने ताप में पिघलाकर एक वैज्ञानिक विश्वदृष्टि और मानव-आस्था में ढाल देता है।

मुक्तिबोध के काव्य-कथ्य के इस **सामान्य** ढाँचे को स्पष्ट करने के बाद 'अँधेरे में' कविता के **विशिष्ट** कथ्य पर कहने के लिए बहुत कम बचा रहता है। फिर भी 'कविता के नये प्रतिमान' के अन्तर्गत प्रकाशित 'अँधेरे में' की व्याख्या पर इधर कुछ आपत्तियाँ की गयी हैं इसलिए इन आपत्तियों की रोशनी में उस कविता पर संक्षेप में पुनर्विचार कर लेना आवश्यक है।

आपत्ति का असली मुद्दा है 'अस्मिता की खोज'। एक व्याख्या के अनुसार "कवि ने यहाँ आत्मनिर्वासित होकर अस्मिता की खोज नहीं की, बल्कि आत्म-संघर्षरत रहकर अस्मिता का विकास किया है।" आपत्ति यहाँ **आत्म-निर्वासित** पर भी है किन्तु मुख्य आपत्ति खोज पर प्रतीत होती है, स्वयं **अस्मिता** पर नहीं। एक दूसरे व्याख्याकार को **अस्मिता** पर ही इतना ग़ुस्सा है कि उसकी दृष्टि में "मुक्तिबोध की कविताओं में अस्मिता की खोज करना, साहित्य और आलोचना दोनों की अस्मत उतारने का पर्याय बनकर रह जाता है।" **अस्मिता** शब्द से भड़कने का एक कारण तो यह है कि "मुक्तिबोध आत्मनिर्वासन से ग्रस्त व्यक्ति नहीं हैं।" लेकिन सवाल यह है कि मुक्तिबोध को आत्मनिर्वासन से ग्रस्त व्यक्ति कहा किसने? मैंने तो यह लिखा है कि 'अँधेरे में' का काव्य-नायक एक आत्मनिर्वासित व्यक्ति है। अब कोई यदि स्वयं मुक्तिबोध को ही काव्य-नायक समझता है तो उसकी समझ को किसका पर्याय कहा जाये? किसी कविता के काव्य-नायक 'मैं' को आत्मनिर्वासित कहने से यह अर्थ किस तरह निकलता है कि उसका कवि भी आत्मनिर्वासित है?

अस्मिता और इसके साथ ही **आत्मनिर्वासन** पर आपत्ति का दूसरा अकथित कारण यह प्रतीत होता है कि मुक्तिबोध के इन नये पक्षधरों की दृष्टि में ये दोनों शब्द ग़ैर-मार्क्सवादी बुर्जुआ चिन्तन के अंग हैं और इन्हें मुक्तिबोध-जैसे क्रान्तिकारी कवि के सन्दर्भ में इस्तेमाल करने के अर्थ हैं मुक्तिबोध के क्रान्तिकारी कथ्य को प्रतिक्रान्तिकारी रूप देना। आशंका एकदम निराधार नहीं है क्योंकि 'अस्मिता के लोप' और 'आत्मनिर्वासन' की चर्चा अस्तित्ववादी विचारकों और लेखकों ने भी की है और उन्होंने इसे व्यक्तिवादी तथा आत्मपरक रंग दे डाला है। किन्तु केवल इसी कारण इन अवधारणाओं को नितान्त अस्तित्ववादी समझना भारी भ्रम है।

'अस्मिता के लोप' और 'आत्मनिर्वासन' की चर्चा **1840 की आर्थिक और दार्शनिक पांडुलिपि** के युवा मार्क्स ने ही नहीं बल्कि पूँजी के लेखक प्रौढ़ मार्क्स ने भी की है। मार्क्स ने निस्सन्देह ये अवधारणाएँ हेगेल से ली थीं और हेगेल के द्वन्द्ववाद की तरह ही उन्होंने इन अवधारणाओं को भी उनके भाववादी खोल से मुक्त कर भौतिकवादी अर्थ से युक्त करने का प्रयास किया। इस प्रसंग में मार्क्स ने जिन दो जर्मन शब्दों का प्रयोग किया है उनके अंग्रेज़ी प्रतिशब्द क्रमशः 'एलियनेशन' और 'री-इफिकेशन' हैं। इन शब्दों के साथ मार्क्स ने 'सेल्फ-एलियनेशन' और 'लॉस ऑफ़ सेल्फ' की भी चर्चा की है। 'एलियनेशन' और 'सेल्फ-एलियनेशन' के लिए हिन्दी में अभी तक किसी अधिक उपयुक्त शब्द के अभाव में 'अलगाव' और 'आत्मनिर्वासन' का प्रयोग किया जाता है। मार्क्स ने जिसे 'लॉस ऑफ़ सेल्फ' कहा है, वह अन्य विचारकों द्वारा प्रयुक्त 'लॉस ऑफ़ आइडेंटिटी' ही है जिसे हिन्दी में 'अस्मिता का लोप' कहा जा सकता है। रहा 'री-इफिकेशन' उससे हिन्दी के लेखक अभी कम परिचित मालूम होते हैं। कहीं-कहीं इसका हिन्दी रूपान्तर 'वस्तूकरण' के रूप में किया गया है; जिसका अर्थ है वस्तु में रूपान्तरण। 'री-इफिकेशन' जिस लैटिन शब्द 'रेइस' से बना है उसका एक अर्थ सम्पत्ति भी होता है, इसलिए चाहें तो उसे संस्कृत 'रै' के सहारे हिन्दी में 'रैकरण' भी कह सकते हैं।

बहरहाल मार्क्स की दृष्टि में **अलगाव** और **रैकरण** पूँजीवादी व्यवस्था के सबसे बड़े अभिशाप हैं। इसमें मज़दूर अपनी उपज से ही अलग नहीं होता, बल्कि अपने-आपसे भी अलग हो जाता है और वह इस प्रक्रिया में मानव-स्वत्व के साथ ही मानव-सम्भावनाओं से वंचित रह जाता है। मार्क्स के अनुसार इस अलगाव से समाज का कोई वर्ग अछूता नहीं रहता—यहाँ तक कि स्वयं पूँजीपति भी इसका शिकार होता है और वह भी अपनी मानवीयता खोकर एक जड़ धनपशु में बदल जाता है। किन्तु इसका सबसे अमानुषिक प्रभाव मज़दूर पर पड़ता है। खोने की इस प्रक्रिया में वह इस हद तक 'सर्वहारा' हो जाता है कि अन्ततः उसके पास खोने के लिए कुछ नहीं बचता—सिवा अपनी हथकड़ियों और बेड़ियों के।

इस 'अलगाव' की प्रक्रिया से मुक्त होने का उपाय, मार्क्स की दृष्टि में, 'वर्ग-चेतना' है; क्योंकि वर्ग-चेतना के लोप से ही मज़दूर वर्ग 'अलगाव' का अनुभव करता है, जिसका दूसरा नाम 'मिथ्या चेतना' है। मोटे तौर से इस 'वर्ग-चेतना' के लिए चार बातें आवश्यक हैं : 1. व्यक्ति-विशेष के द्वारा वर्ग की सदस्यता का बोध : 2. व्यक्ति अपने-आपको जिस वर्ग का सदस्य समझता है; उस वर्ग के तात्कालिक हितों का बोध; 3. वर्ग के हितों को आगे बढ़ाने का संकल्प; 4. वर्ग के तात्कालिक हितों से आगे बढ़कर उसके सार्वभौम हितों के लिए आवश्यक साधनों की पहचान। वस्तुतः ये चारों बातें वर्ग-चेतना के चार स्तर हैं और कहने की आवश्यकता नहीं कि ये सभी स्तर परस्पर सम्बद्ध हैं। मार्क्सवादी दृष्टि से मज़दूर को तब तक वर्ग-चेतन नहीं कहा जा सकता जब तक वह यह न समझ ले कि पूँजीवाद की समाप्ति में ही उसके वर्ग का वास्तविक हित है। इस बोध के अभाव में मज़दूर मिथ्या चेतना का शिकार माना जाता है। इसी प्रकार मध्यवर्गीय व्यक्ति की वर्ग चेतना केवल इतने ही तक सीमित नहीं है कि वह अपने-आपको मध्यवर्ग का सदस्य मानकर उस वर्ग के तात्कालिक हितों के लिए संघर्ष करे; बल्कि उसकी सच्ची वर्ग चेतना इस बात में है कि वह मज़दूर वर्ग के हितों की रक्षा में ही अन्ततः अपने हितों की रक्षा महसूस करे और इसके लिए पूँजीवाद के विनाश में मज़दूर वर्ग का साथ दे। इस चेतना का अभाव मध्यवर्गीय व्यक्ति के लिए मिथ्या चेतना है। 'अस्मिता का लोप' इस मिथ्या चेतना का ही दूसरा नाम है और इसके विपरीत वर्ग चेतना को 'अस्मिता की खोज' कहा जा सकता है।

मुक्तिबोध की कविता 'अँधेरे में' के प्रसंग में जब मैंने **अस्मिता के लोप** की चर्चा की थी तो पृष्ठभूमि में यही मार्क्सवादी धारणा थी। पहले इसकी व्याख्या नहीं की तो यह सोचकर कि मार्क्सवाद की अति सामान्य धारणा व्यापक पैमाने पर परिचित होगी। सावधानी के लिए उस समय केवल इतना ही संकेत करना काफ़ी समझा गया था कि इसे किसी आध्यात्मिक-रहस्यवादी अर्थ में न लिया जाये लगता है कि यहाँ 'व्यक्तिवादी-अस्तित्ववादी' शब्द और जोड़ देने चाहिए थे।

प्रश्न यह है कि **अस्मिता की खोज** मुक्तिबोध की 'अँधेरे में' कविता का मूल कथ्य है या नहीं? स्वयं मुक्तिबोध ने कविता में 'अस्मिता' शब्द का प्रयोग नहीं किया है यह सही है। उनका अपना शब्द है **अभिव्यक्ति**। मुक्तिबोध ने स्पष्ट लिखा है कि वह अभिव्यक्ति **खोई हुई** है और इसके साथ ही **खोजता** हूँ क्रिया के प्रयोग के द्वारा उन्होंने उसकी **खोज** का भी स्पष्ट निर्देश किया है। 'अँधेरे में' कविता के अन्तर्गत यह 'अभिव्यक्ति' केवल शब्दाभिव्यक्ति नहीं है। पागल के आत्मोद्‌बोधमय गीत के बाद जब काव्य-नायक कहता है कि :

व्यक्तित्व अपना ही, अपने से खोया हुआ
वही अकस्मात् उसे मिलता था रात में।

तो स्पष्ट ही इस प्रसंग में 'व्यक्तित्व' ही अभिव्यक्त है। इसी प्रकार जब "गुहावासी फटेहाल रक्तालोक-स्नात पुरुष" के सन्दर्भ में अभिव्यक्ति शब्द का प्रयोग किया जाता है तो वह व्यक्तित्व का अभीष्ट आदर्श रूप प्रतीत होती है। मुक्तिबोध के शब्दों में यह केवल अभिव्यक्ति नहीं बल्कि 'परम अभिव्यक्ति' है—"अनखोजी निज समृद्धि का वह परम उत्कर्ष!" दूसरे शब्दों में यह "निज सम्भावनाओं, निहित प्रभावों, प्रतिमाओं की पूर्ण अवस्था" है और इस प्रकार "मेरे परिपूर्ण का आविर्भाव" है। गाँधी जी से प्राप्त शिशु जब काव्य-नायक के कन्धे पर आकर ज़ोर से चीख़ उठता है तो काव्य-नायक को फिर अभिव्यक्ति का एहसास होता है और वह प्रसन्न होकर मन-ही-मन कहता है कि "जिसको न मैं इस जीवन में कर पाया, वह कर रहा है।" इसी प्रकार "अनुभव रक्त में डूबे हुए संकल्प" की मणियों का साक्षात्कार भी एक तरह से आत्माभिव्यक्ति का ही आभास देता है। अन्त में प्रायः उद्धृत की जानेवाली ये पंक्तियाँ :

अब अभिव्यक्ति के सारे ख़तरे
उठाने ही होंगे
तोड़ने होंगे ही मठ और गढ़हे सब

यहाँ जिस अभिव्यक्ति के ख़तरे उठाने की बात की गयी है, वह केवल शब्दों की अभिव्यक्ति ही नहीं बल्कि कर्म की भी अभिव्यक्ति है।

पूर्वापर सन्दर्भ से स्पष्ट है कि यहाँ 'अभिव्यक्ति' से अभिप्राय कविता भी है और क्रान्ति भी, क्योंकि जिन मठों और गढ़ों के तोड़ने का संकल्प यहाँ किया गया है, वे केवल साहित्यिक मठ और गढ़ ही नहीं हैं। अभिव्यक्ति के इन रूपों के साथ यह भी उल्लेखनीय है कि अन्ततः यह अभिव्यक्ति काव्य-नायक के अपने व्यक्तिगत ख़यालों के दायरे से निकलकर क्रान्ति के लिए सन्नद्ध जन-यूथ में घुल-मिलकर उसके साथ एकाकार हो जाती है। इस प्रकार यह अभिव्यक्ति पूरी कविता पर आदि से अन्त तक मँडराती रहती है और इसके साथ ही उसे खोजनेवाले काव्य-नायक की छटपटाहट भी।

फिर भी 'अँधेरे में' के व्याख्याकारों को यह अभिव्यक्ति दिखायी नहीं पड़ती तो इसलिए कि इसका स्पष्ट उल्लेख कविता के अन्त में आता है—आरम्भ में तो सबको पहले-पहल यह गुहावासी फटेहाल रक्तालोक-स्नात पुरुष ही दिखता है। जो हो, व्याख्या के लिए कविता का सूत्र कहीं से भी पकड़ा जा सकता है और शुरू से शुरू करने में कोई हर्ज नहीं है। लेकिन शुरू से शुरू करने के कारण जिस तरह कुछ लोग 'कौन मनु?' के अनुसन्धान में दूर-दूर के चक्कर लगाते दिखाई पड़ते हैं, उससे लगता है कि यह शुरुआत ख़तरे से ख़ाली नहीं है। इस 'मनु' को खोजते हुए डॉ. रामविलास शर्मा का अतिरिक्त परम्परा-प्रेमी मस्तिष्क 'कामायनी' के मनु से जा टकराया और इस परम्परा से मुक्तिबोध को जोड़ने का ऐसा उत्साह उमड़ा कि मुक्तिबोध के इस 'मनु' की **विशिष्टता** दिखाना भी भूल गये। 'कामायनी' के मनु के नाक-नक्श और हिमगिरि के उत्तुंग शिखर की छाया 'अँधेरे में' देखकर डॉ. शर्मा अपनी खोज पर इतने विह्वल हो गये कि उन्हें आदि से अन्त तक साम्य ही साम्य नज़र आया; नज़र नहीं आया तो यह मोटा अन्तर कि कामायनी के मनु अन्ततः कैलास पर जाकर रागरस की साधना में लीन हो जाते हैं जबकि 'अँधेरे में' का मनु जगत की गलियों में घूमता है प्रतिपल, वही फटेहाल रूप!

सारा गुनाह दरअसल इस 'मनु' शब्द का है। यदि मुक्तिबोध का 'मनु' सामान्य मनुज नहीं बल्कि 'कामायनी' का 'मनु' है तो तार सप्तक में संकलित प्रभाकर माचवे के एक सानेट की इस पंक्ति को लेकर भी पूछा जा सकता है कि "तुमने भी क्या कभी भूल से सोचा था कैसा है यह मनु?"

मुक्तिबोध ने 'कामायनी' पर एक आलोचनात्मक पुस्तक लिखी, इसका यह मतलब नहीं कि वे 'अँधेरे में' के रूप में एक दूसरी 'कामायनी' लिख रहे थे, जैसा कि श्री सुमित्रानन्दन पन्त ने 'लोकायतन' लिखकर अथवा दिनकर ने 'उर्वशी' लिखकर दिखा देना चाहा।

स्पष्ट है कि इस 'कौन मनु' के प्रश्न ने 'अँधेरे में' कविता के बारे में काफ़ी भटकाया है। प्रीतिकर आश्चर्य का विषय है कि हिन्दी की दुनिया से बाहर की पोलिश महिला सुश्री अग्न्येश्का मुक्तिबोध की कहानियों के सन्दर्भ में इस 'कौन मनु?' प्रश्न को उठाकर भी (और सम्भवतः पहली बार उन्होंने ही यह प्रश्न उठाया भी) बिना इधर-उघर भटके मुक्तिबोध के साहित्य के मूल कथ्य पर सीधे पहुँच गयीं। जुलाई-सितम्बर '1968 की आलोचना-6' में 'कहानीकार मुक्तिबोध—कौन मनु?' शीर्षक निबन्ध का निष्कर्ष प्रस्तुत करते हुए सुश्री अग्न्येश्का लिखती हैं कि "'मुक्तिबोध' की 'संकल्प-धर्मा चेतना का रक्त-प्लावित स्वर' सन्नाटे के दायरे को तोड़ता हुआ, तेज बजता है—उदासीनता के विरुद्ध अलगाव के विरुद्ध—मानवीयता की जलती पीड़ाओं से हमारे भीतरी अलगाव के विरुद्ध।"

प्रसंगवश सुश्री अग्न्येश्का ने कहानियों के साथ 'चम्बल की घाटी में' और 'अँधेरे में' दोनों कविताओं का भी उल्लेख किया है जिनमें उक्त स्वर "सबसे सम्पूर्ण और सशक्त रूप से प्रकट हुआ है।"

इस प्रकार 'अँधेरे में' कविता का मूल कथ्य हर तरह के **अलगाव के विरुद्ध** है—'अस्मिता की खोज' इसी अलगाव-विरोध का दूसरा नाम है। इस कथ्य की खोज यदि 'कौन मनु?' के रूप में की जाये तो यह ध्यान रहे कि उस 'मनु' के अन्तर्गत 'रक्त-लोक स्नात पुरुष' के साथ ही कविता का 'मैं' भी शामिल है। मनु के इन दोनों पक्षों का अलगाव, तनाव और साक्षात्कार ही 'अँधेरे में' कविता के कथ्य का मूलाधार है। स्वप्नगत मृत-दल की शोभा यात्रा, सैनिक शासन, क्रान्ति-स्वप्न आदि इस कथ्य की अर्थवत्ता को उजागर करनेवाले वस्तुगत पर्यावरण हैं, जिनका महत्त्व किसी भी प्रकार कम नहीं आँका जा सकता। जैसा कि मुक्तिबोध ने 'एक साहित्यिक की डायरी' में अपनी एक काव्य कथा (सम्भवतः 'इस चौड़े ऊँचे टीले पर' की व्याख्या करते हुए लिखा है, "निस्सन्देह उसमें कथा का केवल

आभास है, नाटकीयता की केवल मरीचिका है; वह विशुद्ध आत्मगत काव्य है।" उस कविता में भी जैसे स्वप्न के भीतर स्वप्न आते हैं—उलट-पुलट होकर और सिलसिला टूट जाता है। एक हद तक यह बात 'अँधेरे में' पर भी लागू होती है। इसलिए इस कविता के परिवेश और विन्यासगत ब्यौरे की उलझन को पार करके ही मूल कथ्य का निर्धारण करना समीचीन है; और मुझे अब भी ऐसा नहीं लगता कि 'अँधेरे में' कविता को 'परम अभिव्यक्ति की खोज' कहकर मैंने कोई गलती की और दूसरे शब्दों में उसी को 'अस्मिता की खोज' द्वारा स्पष्ट करके मैंने साहित्य और आलोचना की अस्मत उतारने का प्रयास किया!

अन्तिम सवाल यह कि 'अँधेरे में' की समीक्षा 'कविता के नये प्रतिमान' के अन्तर्गत परिशिष्ट में क्यों? परिशिष्ट में रखा जाना कुछ लोगों की दृष्टि में इस कविता की उपेक्षा और मुक्तिबोध का अपमान है; और कुछ लोगों को 'अँधेरे में' कविता की समीक्षा तथा कविता के नये प्रतिमानों के बीच संगति पर ही सन्देह है। परिशिष्ट सम्मान का स्थान है या अपमान का, यह मत-अभिमत का विषय है, फिर भी इस प्रसंग में इतना ही कहना पर्याप्त है कि काव्य-सिद्धान्तों के विवेचन-क्रम में एक बार अन्य लम्बी कविताओं के साथ 'अँधेरे में' पर विचार करने के बावजूद उसे और केवल उसे ही अलग से समीक्षा के लिए चुना गया तो उसका कुछ अर्थ होता है। जहाँ तक कविता के नये प्रतिमानों के साथ 'अँधेरे में' की संगति दिखाने का प्रश्न है, मैं ख़ामोश रह जाने का दोषी हूँ, जिसका परिहार आज आवश्यक प्रतीत हो रहा है।

'कविता के नये प्रतिमान' की मुख्य स्थापना मेरी दृष्टि में यह है कि कविता के प्रतिमान को व्यापकता प्रदान करने की दृष्टि से **आत्मपरक** नयी कविता की दुनिया से बाहर निकलकर उन कविताओं को भी विचार की सीमा में ले आना आवश्यक है, जिन्हें किसी अन्य उपयुक्त शब्द के अभाव में सामान्यतः **लम्बी कविता** कहा जाता है। 'काव्य-संरचना प्रगीतात्मक और नाटकीय' शीर्षक अध्याय के अन्तर्गत इस समस्या पर विचार करते हुए लिखा है कि "प्रगीत कविता कविता का पर्याय हो गयी है और प्रगीत का प्रतिमान कविता का प्रतिमान हो गया है।

परिणामस्वरूप जो लम्बी कविताएँ इस दायरे में नहीं आतीं, अपने-आप तिरस्कृत हो गयीं। इसका दण्ड सबसे अधिक मुक्तिबोध को भुगतना पड़ा।" इस प्रकार मुक्तिबोध की लम्बी कविताओं को ध्यान में रखने के कारण ही मुझे कविता के नये प्रतिमान की आवश्यकता महसूस हुई। इस प्रसंग में मैंने मुक्तिबोध की 'एक साहित्यिक की डायरी' से यह विवरण लेकर यह दिखाना चाहा है कि स्वयं कवि मुक्तिबोध भी कविता के मूल्यांकन के लिए नये प्रतिमानों की आवश्यकता का अनुभव कर रहे थे। मुक्तिबोध का उद्धरण इस प्रकार है : "मुझे गहरा सन्देह है कि आजकल की सौन्दर्य-परिभाषा (यदि उसे व्याख्या कहें तो) केवल कविता, और वह भी **आत्मपरक कविता** की विशेषताओं के आधार पर बनायी जा रही है। सौन्दर्य-सम्बन्धी इन व्याख्याओं का प्रकट या अप्रत्यक्ष उद्देश्य आज की काव्य-दृष्टि का 'डिफेंस है'।... किन्तु ये व्याख्याएँ कुछ इस प्रकार से, कुछ इस ठाट से और इस शान से बनायी जाती हैं मानो वे सार्वभौम सत्य की सार्वकालिक स्थापनाएँ हों।... अगर साहित्य की सौन्दर्य-मीमांसा करनी हो तो आपको अपनी दृष्टि केवल **आत्मपरक कविता** वह भी आजकल की कविता तक ही सीमित नहीं करनी चाहिए।" इस प्रसंग में स्वभावतः मुक्तिबोध ने अपनी लम्बी कविताओं का ज़िक्र नहीं किया, किन्तु प्रसंग से स्पष्ट है कि वे नयी कविता के अन्तर्गत लिखी जानेवाली आत्मपरक कविता तथा उस पर निर्मित सौन्दर्यशास्त्र से असन्तुष्ट थे और इस सीमित दायरे से बाहर निकलकर काव्य के प्रतिमान निर्मित करने की आवश्यकता महसूस कर रहे थे।

दरअसल आत्मपरक प्रगीत बनाम वस्तुपरक लम्बी कविता के इस संघर्ष के मूल में केवल काव्य-रूपों के वरण की समस्या नहीं है, बल्कि इसका सम्बन्ध पूरी कविता की बनावट सम्बन्धी दो भिन्न-दृष्टियों से है जिनके अन्तर्गत भावबोध से भाषा तक के सभी स्तर शामिल हैं। इस सन्दर्भ में मैंने यह दिखलाने का प्रयास किया है कि इधर नयी कविता के अन्दर जो आत्मपरक छोटी या बड़ी कविताएँ लिखी गयी हैं वे अपने रचयिताओं की गैर-रोमांटिक घोषणाओं के बावजूद मूलतः रोमांटिक हैं और एक औसत रोमांटिक प्रगीत के समान ही इनमें भी वैयक्तिकता, आत्मपरकता, अनुभूतियों की जटिलता के अभाव के साथ ही बिम्बमयता और एक खास

काट की रोमांटिक काव्य-भाषा के प्रयोग प्राप्त होते हैं। इसीलिए इन कविताओं में वस्तुजगत् की समझदारी के स्थान पर केवल अनुभूति की ईमानदारी का आग्रह किया जाता है। इन कविताओं पर निर्मित काव्य-सिद्धान्त की ऐकांगिता और अपर्याप्तता दिखाने के लिए ही मुझे वैयक्तिक और आत्मपरक छायावादी संस्कारों का विरोध करना पड़ा।

इसके विपरीत मुक्तिबोध की लम्बी कविताओं के रूप में मैंने काव्य के उन मूल्यों पर बल दिया, जो अपनी दृष्टि में सामाजिक और वस्तुपरक हैं और आज के ज्वलन्त एवं जटिल यथार्थ को अधिक-से-अधिक समेटने के प्रयास में कविता को व्यापक रूप में नाट्य-विन्यास प्रदान कर रहे हैं और इस तरह तथाकथित बिम्बवादी काव्य-भाषा के दायरे को तोड़कर सपाटबयानी आदि अन्य क्षेत्रों में क़दम रखने का साहस दिखा रहे हैं। आत्म-संघर्ष से उत्पन्न तनाव, जटिलता, विसंगति, विडम्बना आदि काव्य-मूल्यों की स्वीकृति इस काव्य-सिद्धान्त के अन्तर्गत स्वतः स्थान पा जाते हैं। इस काव्य-सिद्धान्त का ढाँचा खड़ा करते समय निश्चय ही मेरे सामने प्रधानतः मुक्तिबोध की वे कविताएँ रही हैं जिनके बारे में कवि ने कुछ खीजते-से स्वर में एक जगह कहा है कि :

मेरी ये कविताएँ
भयानक हिडिम्बा हैं
वास्तव की विस्फारित प्रतिमाएँ
विकृताकृति-बिम्बा हैं।

इसके साथ ही मेरे ध्यान में मुक्तिबोध का कविता-सम्बन्धी यह वक्तव्य भी है कि "आज तो पोस्टर ही कविता है।" और फिर यह कथन भी कि "नहीं होती, कहीं भी ख़तम कविता नहीं होती।" मुक्तिबोध वस्तुतः 'कल होनेवाली घटनाओं की कविता' ही नहीं लिख रहे थे बल्कि उस कविता के भावी काव्य-सिद्धान्त के सूत्र भी फेंक रहे थे। मुझे नहीं मालूम कि 'कविता के नये प्रतिमान' में ये बातें कितनी उभर सकी हैं। यह विडम्बना अवश्य देखता हूँ कि जिस व्यक्तिपरक-आत्मपरक काव्य-सिद्धान्त का खण्डन 'कविता के नये प्रतिमान' में आद्यन्त अनुस्यूत है उसी का मुझे

समर्थक बताया जाता है। इसे दृष्टिदोष कहने की अपेक्षा अपनी वाणी की दीनता चीन्हकर चुप रह जाना ही श्रेयस्कर है।

कविता के इस प्रतिमान के सन्दर्भ में 'अँधेरे में' की समीक्षा की यही संगति है कि यह कविता मुक्तिबोध की 'परम अभिव्यक्ति' के साथ ही उत्तम मूल्यों की मूर्तिमान काव्य-प्रतिमा है। इस कविता के अन्तर्गत मुक्तिबोध ने प्रसंगतः कविता-सम्बन्धी अपनी आकांक्षा का भी संकेत दे दिया है। जब वे कहते हैं कि "अरे, इन रंगीन पत्थर-फूलों से मेरा काम न चलेगा" तो वे स्पष्टतः उस आत्मपरक जड़ीभूत सौन्दर्याभिरुचि को तिरस्कृत कर रहे हैं जिसमें "काव्य-चमत्कार उतना ही रंगीन, परन्तु ठण्डा" है। इसके बदले वे कविता के अन्दर "मस्तक कुंड में जलती, सत्-चित्-वेदना, सचाई व गलती—मस्तक-शिराओं में तनाव दिन-रात" को लाने का हौसला रखते हैं और इसके लिए अभिव्यक्ति के सारे ख़तरे उठाने का भी संकल्प करते हैं।

यहाँ 'अँधेरे में' कविता में व्यक्त उस रोमांटिक आशा से भरे स्वप्न को अनदेखा करना समीचीन न होगा, जिसके लिए कुछ लोगों ने मुक्तिबोध पर रोमांटिक होने का आरोप लगाया है। इस विषय में अपनी बात कहने से पहले स्वयं मुक्तिबोध का मत उद्धृत करना अधिक संगत है। 'एक साहित्यिक की डायरी' के अन्तिम अध्याय में अंग्रेज़ी के कवि शेले की रोमांटिक दृष्टि का समर्थन करते हुए मुक्तिबोध कहते हैं कि दृष्टि "रोमांटिक होने मात्र से भावना का ज्ञानात्मक आधार कमज़ोर नहीं होता। ज्ञानात्मक आधार कमज़ोर तब होता है जब कवि समाज को प्राप्त अद्यतन ज्ञान की उपेक्षा कर अद्यतन ज्ञान द्वारा संप्रेरित भावनाओं से दूर हटकर केवल अपने ऐकान्तिक निविड़ लोक में ही विचरण करता है। ज्ञान का अर्थ केवल वैज्ञानिक उपलब्धियों का बोध ही नहीं है वरन् समाज की उत्थानशील तथा ह्रासोन्मुख शक्तियों का बोध भी है। शेले के काव्य का सौन्दर्य उस मनोभूमिका से उत्पन्न हुआ है, जो अपने युग में विकासमान उत्थानशील प्रवृत्तियों से परिपक्व हुई है। शेले को ज्ञान ने स्वप्न दिया, स्वप्न ने भावना दी। उसका समस्त साहित्य इस मनोभूमिका से अनुरंजित है।"

इसके विपरीत रोमांटिक लेखकों और कवियों का एक और वर्ग भी है जिसमें मुक्तिबोध के अनुसार, "छद्म भावनाएँ देखने को मिलेंगी।"

मुक्तिबोध ने इस प्रसंग में स्पष्ट लिखा है कि "हिन्दी के रोमांटिक कवियों में ऐसी छद्म भावनाएँ बहुत देखने को मिलेंगी।" निश्चय ही **हिन्दी के रोमांटिक कवियों** से मुक्तिबोध की मुराद छायावाद के सभी कवियों से नहीं बल्कि उन कवियों से है जो या तो छद्म-छायावादी है या छद्म-भावनाओं के शिकार रोमांटिक हैं। 'कविता के नये प्रतिमान' के अन्तर्गत ऐसे ही छद्म-छायावादियों और छद्म-भावनाओं के शिकार रोमांटिक कवियों का विरोध किया गया है—सभी रोमांटिक कवियों या रोमांटिक कविता-मात्र का नहीं।

कहने की आवश्यकता नहीं कि 'अँधेरे में' में जो रोमांटिक स्वप्न है, उसका आधार अपने युग में विकासमान उत्थानशील शक्तियों का बोध है। कविता के अन्तिम भाग में यही उत्थानशील शक्तियाँ क्रान्ति के लिए सन्नद्ध दिखायी पड़ती हैं। इस स्वप्न का रंग उस दुःस्वप्न के कारण और भी निखर उठता है : जिसके मूल में ह्रासोन्मुख शक्तियों के 'मृत-दल की शोभा यात्रा' है। स्पष्टतः मुक्तिबोध के इस स्वप्न में शेले की-सी कुहरिलता नहीं है, क्योंकि उसमें समाज की उत्थानशील शक्तियों के अनुरूप ही भावना-तत्त्व विचार-तत्त्व से समानतः दीप्त है। इसके बावजूद यदि किसी को यह स्वप्न कुहरिल दिखायी पड़े तो यही समझना चाहिए कि ह्रासोन्मुख शक्तियों के आतंक के कारण उसकी आँखें चौंधियाई हुई हैं और उसे उत्थानशील शक्तियों के उभार का पूरा-पूरा एहसास नहीं है। इस दृष्टि से मुक्तिबोध को रोमांटिक भी कहा जा सकता है किन्तु यह रोमांटिकता गोर्की के शब्दों में **क्रान्तिकारी रोमांटिकता** या **वीरत्व-व्यंजक रोमांटिकता** है।

(यह लेख नामवर सिंह की 1974 में संशोधित संस्करण 'कविता के नये प्रतिमान' पुस्तक से लिया गया है।)

मुक्तिबोध का वैचारिक स्तम्भ सुदृढ़ हुआ है

महावीर अग्रवाल :

मुक्तिबोध जन्मशताब्दी (13 नवम्बर 1917-13 नवम्बर 2017) की धूम मची है। ढोल नगाड़े नहीं बज रहे हैं, लेकिन चर्चा का दौर जारी है। विमर्श अधिक गहरे होते जा रहे हैं। एक बार पुनः सुखद संयोग बना है, जन्मशताब्दी के पहले दिन आज 13 नवम्बर 2016 को आपसे बातचीत हो रही है। दिल्ली, भोपाल, राजनाँदगाँव सहित अनेक छोटे-बड़े शहरों में मुक्तिबोध पर एक बार फिर से विमर्श की शुरुआत हो रही है। छत्तीसगढ़ की राजधानी 'रायपुर' में तीन संस्थाओं ने पहले ही दिन 'गजानन माधव मुक्तिबोध' को सम्मान के साथ स्मरण किया है। इस अवसर पर आप कुछ कहिए।

नामवर सिंह :

गजानन माधव मुक्तिबोध को धरती पर आये एक सौ वर्ष पूरे हो रहे हैं। साहित्य संसार में व्यापक स्वीकृति उनको वर्ष 1964 में निधन के तुरन्त बाद ही मिलनी शुरू हो गयी थी। देर से सही, साहित्य समाज के साथ-साथ जन-जन तक मुक्तिबोध एक सीमा तक पहुँच रहे हैं। मुक्तिबोध की दुर्बोध मानी जाने वाली कविताओं के पाठक बढ़े हैं। मुक्तिबोध भीतर ही भीतर हमेशा भयभीत रहे, अनागत भय से और आने वाले फासीवादी संकट से। स्थितियाँ बदल रही हैं। नयी पीढ़ी गहराई के साथ इसे रामझ रही है। मुक्तिबोध के भीतर घर कर चुके संशय तथा समझाये गये 'अँधेरे' और आतंक को सही कोण से देख रही है नयी पीढ़ी।

महावीर अग्रवाल :

क़लमकारों, संस्कृतिकर्मियों और बुद्धिजीवियों के साथ-साथ सामाजिक संगठन भी मुक्तिबोध के रचना-संसार को नये सिरे से देखने और समझने में जुटे हुए हैं। जन्मशताब्दी वर्ष गजानन माधव मुक्तिबोध का मनाया जा रहा है। पिछले चार माह में जन्मशताब्दी (13 नवम्बर 1917-13 नवम्बर 2017) के अवसर पर राज्य सरकारों और केन्द्रीय सरकार द्वारा अनेक कार्यक्रम किये जाने की रूपरेखा बनी है। आप ऐसे आयोजनों की प्रासंगिकता किस तरह देखते हैं?

नामवर सिंह :

मुक्तिबोध के पुनर्मूल्यांकन का मार्ग प्रशस्त हुआ है। मेरा यह मानना है, यह अचानक नहीं हुआ है, पीछे मुड़कर देखें, मुक्तिबोध ने अपना लक्ष्य निश्चित किया। और फिर उसके अनुसार काम किया। जन-जन के लिए समर्पित लक्ष्य को पाने में आने वाली कठिनाइयों के साथ जूझते रहे। संशय से ग्रस्त रहने के बाद भी जीवन भर निडरता का पाठ पढ़ते रहे और पढ़ाते भी रहे। उनकी दीर्घ तपस्या अब फलीभूत हो रही है। हमें एक बात के लिए सावधान रहना होगा कि मुक्तिबोध को एक मिथकीय व्यक्तित्व के रूप में प्रतिष्ठित न कर दिया जाये। आप यह भी देखिए, 'राष्ट्रवाद' को नये तरह से परिभाषित किया जा रहा है। मुक्तिबोध के सन्दर्भ में यह ख़तरनाक प्रवृत्ति दिशाभ्रम की ओर ले जा सकती है।

महावीर अग्रवाल :

राष्ट्रीय और अन्तर्राष्ट्रीय घटनाएँ झकझोर रही हैं। मुक्तिबोध की जन्मशताब्दी 2017 में 'राष्ट्रवाद' को एक बार पुनः परिभाषित करने की आवश्यकता पर आप कुछ कह रहे हैं।

नामवर सिंह :

'राष्ट्रवाद' शब्द पर मैंने कई-कई बार विचार किया है। 'राष्ट्रवाद' की अवधारणा पर पुनर्विचार जितना भी करें, बदलते समय में भी 'राष्ट्रवाद' का मूल अर्थ

नहीं बदलना चाहिए। भारत एक राष्ट्र है और राष्ट्र के हित में बनी सोच को मैं 'राष्ट्रवाद' मानता हूँ। आज़ादी के पहले भी हमारा 'राष्ट्रवाद' भारत की कोटि-कोटि जनता के लिए था।

महावीर अग्रवाल :

'राष्ट्रवाद' शब्द के उद्‌भव और प्रयोग और अवधारणा को हम और हमारा समाज किस तरह समझ सकता है? 'राष्ट्रवाद' का शोर अधिक ही सुनने में आता है। साहित्य समाज यह जानना और समझना चाहता है कि इक्कीसवीं सदी के दूसरे दशक के बदलते समय में 'राष्ट्रवाद' का क्या अर्थ है?

नामवर सिंह :

बहुत पुरानी अवधारणा नहीं है 'राष्ट्रवाद'। सत्रहवीं शताब्दी के आसपास 'राष्ट्रवाद' शब्द यूरोप में चर्चित हुआ। भारतीयों में देश प्रेम की भावना न जाने कब से रही है। उपनिवेशवाद विरोधी आन्दोलन जिसे आज़ादी की लड़ाई माना जाता है। स्वतन्त्रता आन्दोलन के साथ ही भारत में उन्नीसवीं शताब्दी में 'राष्ट्रयाद' शब्द का प्रयोग हमारे देश में होने लगा। 'राष्ट्रवाद' का चरित्र मूलतः सर्वसमावेशी रहा है। एकता के सूत्र में सभी धर्म, सभी जाति और सभी सम्प्रदाय के लोगों ने स्वाधीनता आन्दोलन में कन्धे से कन्धा मिलाकर आज़ादी हासिल की। भाजपा के शासन काल में 'राष्ट्रवाद' की सर्वसमावेशी अवधारणा को केवल हिन्दुत्व से जोड़कर एकांगी बनाने की कोशिश की जा रही है। कहना न होगा कि, भेदभाव की दीवारों को गिराते हुए आगे बढ़ना ही सच्चा 'राष्ट्रवाद' है।

महावीर अग्रवाल :

'राष्ट्रवाद' की बदलती हुई अवधारणा का ही, क्या दूसरा नाम सांस्कृतिक राष्ट्रवाद है?

नामवर सिंह :

'सांस्कृतिक राष्ट्रवाद' ही वह ख़तरनाक प्रवृत्ति है जो 'राष्ट्रवाद' के नाम पर नित नये तरीक़े से हिन्दू राष्ट्रवाद का गुणगान करने लगी है।

मेरा मानना है, यदि समाज और राजनीति का उद्देश्य अगर मनुष्य और व्यापक मानव समुदाय के हित में नहीं हो तो उसका कोई औचित्य नहीं है। जमकर खड़े रहने और साम्राज्यविरोधी ताक़तों के विरुद्ध लड़ने का सामर्थ्य क़लमकार के भीतर विकसित हुआ है। सारी दुनिया जानती है भारत एक बहुलतावादी देश है। नाना प्रकार के समुदायों के बीच, अनेक धर्मों और संस्कृतियों और जातियों से बना राष्ट्र है। भारत के संविधान में सभी जातियों के लोगों को एक जैसे अधिकार प्रदान किये हैं। पूरे देश को ऐसे 'राष्ट्रवाद' की ज़रूरत है, जिसमें भारत की बहुलतावादी संस्कृति में पूरा विश्वास हो। गोरक्षा आन्दोलन के नाम पर, बहुसंख्यक हिन्दू के नाम पर छद्म में लिपटा 'राष्ट्रवाद' भारत में कभी सफल नहीं हो सकता। इस कठिन समय में सावधान रहकर 'राष्ट्रवाद' को भारत की समावेशी संस्कृति के साथ ही सही दिशा में विकसित करना होगा।

महावीर अग्रवाल :

बदलते समय में राष्ट्रीय व अन्तर्राष्ट्रीय परिस्थितियों के परिप्रेक्ष्य में मुक्तिबोध के साम्राज्यवाद विरोधी विचारशीलता की प्रासंगिकता लगातार बढ़ी है। मुक्तिबोध के विचारों का बुनियादी स्वरूप साधारण मनुष्य के जीवन-जगत को महत्त्व देता है। मुक्तिबोध के भीतर एक परिवर्तनकामी विचार पूरी तेजस्विता के साथ संघर्षरत रहा है। क्या सचमुच इक्कीसवीं सदी के दूसरे दशक में और अधिक प्रासंगिक हो गये हैं मुक्तिबोध?

नामवर सिंह :

मुक्तिबोध की चेतना हमेशा यथार्थ-बोध पर टिकी रही है। आत्म-संघर्ष और सामाजिक चेतना के बीच मुक्तिबोध के व्यापक जीवन-दर्शन के साथ समय को देखना और परखना होगा। मुक्तिबोध के ठोस और परिवर्तनकामी विचार निश्चित रूप से अधिक प्रासंगिक हो गये हैं। क्योंकि उनका बुनियादी स्वरूप साधारण मनुष्य के जीवन-जगत को महत्त्व देता है। 'सापेक्ष : 56' में आपके सवालों का लगातार जवाब देते हुए, प्रश्नों के बीच की इन पंक्तियों के माध्यम से आपने मुक्तिबोध जी पर बेहद सुन्दर और सार्थक प्रश्न पूछे हैं,

"मुक्तिबोध की रचनाओं में विराटता का अनोखा बोध है, सदाशयता की अद्‌भुत छटा है। लोक कल्याण की अनूठी अनुगूँज है। चिन्तन-मनन करते हुए समझ में आता है, संकीर्णता का त्याग कर एक सही दुनिया बनाने के लिए मुक्तिबोध अपनी पक्षधरता स्पष्ट करते हैं। मनुष्यता को बचाये रखने के लिए वैकल्पिक दुनिया की तलाश कितनी अभूतपूर्व है? सामाजिक सरोकारों से अलख जगाने की, विराट स्वप्न से सजी सोच कितनी सार्थक है?"

महावीर अग्रवाल :

साहित्य और समाज के सम्बन्धों से जुड़े आज कुछ ज्यलन्त प्रश्नों पर आपके विचार हम जानना चाहते हैं। ऐसे अनेक वाक्यों (1. जो नरेन्द्र मोदी के समर्थक नहीं हैं, उन्हें पाकिस्तान चले जाना चाहिए। 2. इस देश में रहने वाले सभी हिन्दू हैं। 3. बीफ का सेवन करने वालों को मारा जायेगा।) पर लगातार बल दिया गया है। समय-समय पर मीडिया में भी ऐसे अनेक बिन्दुओं पर चर्चा होती रही है। विगत दो वर्षों में ऐसे अनेक वाक्यांश देश में एक के बाद एक, राष्ट्रीय पटल पर आते रहे हैं। सारी की सारी राजनीति, सारा का सारा सामाजिक विमर्श इनके इर्द-गिर्द घूमता रहा। आप क्या कहते हैं?

नामवर सिंह :

संस्कृत में माँ और मातृभूमि का स्थान स्वर्ग से भी श्रेष्ठ माना गया है। दूसरी भाषाओं में भी ऐसे आदर्श वचनों की कमी नहीं है। ऐसे नीति वचनों का पालन किया जाये, तो न देश का कभी अहित हो, न देशवासियों का। लेकिन इस वक़्त एक भाषा के ऊपर दूसरी भाषा, एक धर्म के ऊपर दूसरे धर्म और एक विचार के ऊपर दूसरे विचार को थोपने का ख़तरनाक षड्यन्त्र चल रहा है, जिससे समय रहते सचेत होने की ज़रूरत है।

महावीर अग्रवाल :

इक्कीसवीं सदी के दूसरे दशक में 'राष्ट्रवाद' की माला जपने वालों को, 'राष्ट्रवाद' का झंडा उठाकर चलने वालों को, यह समझना होगा कि

'राष्ट्रवाद' का अर्थ सिर्फ़ हिन्दुत्व तक सीमित नहीं किया जा सकता, देश के 125 करोड़ देशवासियों को साथ लेकर चलना ही सही 'राष्ट्रवाद' है। यह तभी सम्भव है जब हम सब यानी देश की जनता ईमानदारी से अपने-अपने कर्त्तव्य निभाती रहे। दूसरी बात, कोई किसी के अधिकारों का हनन न करे और देश चलाने वाले संविधान की भावना के प्रतिकूल आचरण न करे।

नामवर सिंह :

आपकी बात शतप्रतिशत सही है। राजनीति और पूँजी के गठजोड़ से उभरने वाली विसंगति को मुक्तिबोध ने सूक्ष्म ही नहीं सही तौर पर पकड़ा है। पूँजीपतियों को और सत्ता से जुड़े हुए राजनीतिज्ञों को समझने में मुक्तिबोध ने कभी चूक नहीं की। भारत एक राष्ट्र के रूप में कैसा हो? इसकी परिकल्पना महात्मा गाँधी ने 'हिन्द स्वराज' में की है। स्वराज के लिए उन्होंने स्वदेशी पर हमेशा ज़ोर दिया। आज भाषा, संस्कृति और परम्परा की पृथक्ता में राष्ट्र के नये-नये अर्थ परिभाषित किये जा रहे हैं। सांस्कृतिक कार्यभारों का निर्वहन करते हुए आज के ज़रूरी मुद्‌दों से मुठभेड़ हम करते रहेंगे।

जन्मशताब्दी वर्ष में युवा पीढ़ी जिस तरह गजानन माधव मुक्तिबोध का पुनर्मूल्यांकन कर रही है। इसे सुनते हुए, पढ़ते हुए, मुक्तिबोध की रचनाएँ आज के परिप्रेक्ष्य में पहले से कहीं अधिक तेजस्वी, कहीं अधिक धारदार और अधिक प्रासंगिक लगने लगी हैं। मेरा यह सौभाग्य है कि मुक्तिबोध की जन्मशताब्दी के अवसर पर, पहले ही दिन 13 नवम्बर 2016 को कुछ कहने-सुनने का अवसर मिला है। कीर्ति पताका मुक्तिबोध की इस तरह फहराते हुए देखकर बहुत सुकून मिलता है। हर तरह से मान-सम्मान के हकदार हैं गजानन माधव मुक्तिबोध। खुशी की बात है, मुक्तिबोध का वैचारिक स्तम्भ सुदृढ़ होता हुआ, ऊँचा होता हुआ नज़र आता है।

महाकाव्यात्मक आख्यान कविता : 'अँधेरे में'

महावीर अग्रवाल :

'समकालीन भारतीय साहित्य' अंक 176, नवम्बर-दिसम्बर 2014 : पृष्ठ 192 पर आपने कहा है, "आपके विचार और आपकी भाषा ही जीवन को दिशा देती है। आज आपके इंटरव्यू के केन्द्र में गजानन माधव मुक्तिबोध हैं। भाषा के प्रश्न को बृहत्तर दायित्व बोध ही नहीं, दार्शनिक चिन्तन के आधार पर समझना होगा। भाषा कहानी की हो या कविता की या फिर वैचारिक प्रतिबद्धता के साथ गम्भीर विषयों पर बात करें, हर दृष्टि से मुक्तिबोध अपने आप में अनूठे हैं।" जन्मशताब्दी वर्ष में उनकी कविता 'अँधेरे में' पर बातचीत के लिए आपने स्वीकृति दी है।

नामवर सिंह :

कविता 'अँधेरे में' हो या मुक्तिबोध की आलोचना के साथ उनके समूचे रचना संसार में मनुष्य की स्वायत्तता केन्द्र में है। मुक्तिबोध ने अपने युग के सामान्य काव्य-मूल्यों को प्रतिफलित करने के साथ ही उनकी सीमा को चुनौती देकर अपनी सर्जनात्मक विशिष्टता को चरितार्थ किया, जिससे समकालीन काव्य का सही मूल्यांकन हो सका। बात भाषा की हो या शिल्प की, चर्चा आलोचना की करें या फैंटेसी की या फिर जनचेतना की बेहतरी की मुक्तिबोध का रचना संसार अप्रतिम है। वैदिक वांग्मय में अनेक स्थलों पर अलग-अलग सन्दर्भ में समाज की, सामुदायिक जीवन की आकांक्षा प्रगट हुई है, 'सहनाभवतु सहनोभुनवतुसहवीर्य करवावहै तेजस्विना वधीतमस्तु मा विद्विषामहे'। मुक्तिबोध इसी सोच को अपनी

दृष्टि से पोषित करते रहे, आगे बढ़ाते रहे। जन्मशताब्दी वर्ष में एक बार फिर बात भाषा की हो, शिल्प की, चर्चा आलोचना की करें या फैंटेसी की या फिर जनचेतना की बेहतरी की भावना की करें, मुक्तिबोध का रचना संसार अप्रतिम है। ज्ञानपीठ से प्रकाशित गजानन माधव मुक्तिधोध के पहले कविता संग्रह 'चाँद का मुँह टेढ़ा है' (पृष्ठ 104-105) की इन पंक्तियों में मुक्तिबोध बहुत खुलकर अपने द्वन्द्व को प्रकट करते हैं–

"मैं अपनी सार्थकता से खिन्न हूँ
विष से अप्रसन्न हूँ
इसलिए कि
जो है उससे बेहतर चाहिए
पूरी दुनिया साफ़ करने के लिए मेहतर चाहिए
वह मेहतर कोई हो नहीं सकता
पर रोज़ कोई भीतर चिल्लाता है
कि कोई काम बुरा नहीं
बशर्ते कि आदमी खरा हो
फिर भी मैं अपने को उस ओर ढो नहीं पाता"

मुक्तिबोध के रचनात्मक अवदान को स्मरण करते हुए कविता 'अँधेरे में' पर जितनी और जिस तरह की व्यापक चर्चा पहले हो चुकी है, उससे कुछ बेहतर विचार, बेहतर दिशा मिले तो कोई नयी और सार्थक बात सामने आ सकेगी।

महावीर अग्रवाल :

आपका यह कथन (सापेक्ष 55 : अप्रैल 2015-मार्च 2016 : पृष्ठ 27) मुझे आज भी बहुत सार्थक और प्रासंगिक लगता है, "अँधेरा गहरा होता जा रहा है, जिस अँधेरे का ज़िक्र उन्होंने अपनी रचनाओं में किया था, उस लड़ाई से संघर्ष की ताक़त और जीतने का विश्वास मुक्तिबोध से मिल सकता है। यह सच है कि, अँधेरा आज और गहरा हो गया है, इस अँधेरे के कई-कई रूप हैं। अँधेरे के भीतर रोशनी के कण मिल जाते हैं। 'अँधेरे में' कविता हमारे सामने है, यह बताती है कि 'फासीवाद' संकट को मुक्तिबोध ने

पाँच-छह दशक पहले ही देख लिया था। जो बारात 'अँधेरे में' दिखती थी वह अब दिन दहाड़े दिखती है। हर बार होने वाली साम्प्रदायिक घटना के साथ इतिहास का संघर्ष एक जाल सा फेंकता है, जिसमें हम सभी लोग फँस जाते हैं। जाल काटकर बाहर निकलने की तरकीब और दूरदृष्टि जिस कहानीकार या कवि में मिल सकती है वह मुक्तिबोध है।"

नामवर सिंह :

हमें देखना और समझना यह है, 'अँधेरे में' कविता का मूल स्रोत कहाँ है? गजानन माधव मुक्तिबोध की चारित्रिक दृढ़ता में, फैंटेसी में गुँथी कल्पनाशीलता में, मुक्तिबोध की अन्तर्भूत रचनात्मक शक्ति में ही इसकी कुंजी है। प्रचंड ऊर्जा से भरी पूरी निडरता के साथ 'अँधेरे में' कविता को हस्तक्षेपीय विराटता तक पहुँचाने का काम इसी कुंजी ने किया है। मुक्तिबोध के जीवन-संघर्ष ने उनको लगातार तपाया। उनकी अन्तर्दृष्टि की सूक्ष्मता ने आन्तरिकता को लगातार सम्पन्न किया। महावीर जी, आप देखिए, भारत भूषण अग्रवाल ने कितनी सुन्दर व्याख्या की है, "मुक्तिबोध की काव्यकला के विभिन्न तत्त्वों को श्रेष्ठ कलात्मकता से प्रकट करने वाली सर्वश्रेष्ठ कविता 'अँधेरे में' है। कविता अँधेरे कमरे में एक अदृश्य उपस्थिति (जो कि और कोई नहीं उनका स्व ही है)। और उसको पहचानने की कवि की बेचैन कोशिश भी शुरू होती है। अचानक कवि अपने को घने जंगलों में एक झील के किनारे पाता है। जहाँ एक खटके से जादुई गुफा खुलती है और जलती मशाल लिए लाल रोशनी में नहाया एक व्यक्ति प्रकट होता है। कवि उससे ज्वलन्त विषयों पर कुछ सवाल पूछना चाहता है कि अचानक फिर अँधेरा हो जाता है। और कवि अपने को फिर अँधेरी घाटी में पाता है। वह अँधेरे में ही सोचते और छटपटाते हैं कि तभी उनके सामने से एक जुलूस गुज़रता है जिसमें प्रसिद्ध पत्रकार, क्रुद्ध लोग, बुद्धिजीवी, कवि, मन्त्रीगण, उद्योगपति, विद्वान और कुख्यात स्थानीय अपराधी डोमाजी उस्ताद हैं। इसके बाद कविता एक के बाद एक कई रहस्यमय घटनाओं—जैसे लोकमान्य तिलक की रक्तडूबी नाक, एक चिथड़े में किसी बच्चे को छिपाये महात्मा गाँधी, कलाकार की हत्या, गुप्त पुलिस द्वारा नायक

की ब्रेन वाशिंग, जुलूस पर गोलीबारी, लूट दंगे आदि से गुज़रती है।" यह जुलूस ही हमारे समय का ऐसा आईना है जिसे मुक्तिबोध ने पचास-पचपन बरस पहले देखा ही नहीं समझ भी लिया था।

महावीर अग्रवाल :

'कविता के नये प्रतिमान' में आपने लिखा है, "कविता 'अँधेरे में' की ये अन्तिम पंक्तियाँ उस अस्मिता या आइडेंटिटी की खोज की ओर संकेत करती हैं जो आधुनिक मानव की सबसे ज्वलन्त समस्या है। निस्सन्देह इस कविता का मूल कथ्य है अस्मिता की खोज, किन्तु कुछ अन्य व्यक्तिवादी कवियों की तरह इस खोज में किसी प्रकार की आध्यात्मिकता या रहस्यवाद नहीं, बल्कि गली सड़क की गतिविधि, राजनीतिक परिस्थिति और अनेक मानव चरित्रों की आत्मा के इतिहास का वास्तविक परिवेश है।"

नामवर सिह :

गजानन माधव मुक्तिबोध की मूल प्रवृत्ति सहज विश्वास की रही। वे सबको साथ लेकर चलने की कोशिश लगातार करते रहे। मुक्तिबोध ने अनेक स्थलों पर कहा है—

"मुझे भ्रम होता है कि प्रत्येक पत्थर चमकता हीरा है
हरेक छाती में आत्मा अधीरा है
प्रत्येक वाणी में महाकाव्य पीड़ा है
और फिर प्रत्येक मनु के पुत्र पर विश्वास करना चाहता है।"

महावीर अग्रवाल :

इतिहास का वास्तविक परिवेश और राजनीतिक परिस्थितियों का सच हमारी खुली आँखों के सामने है। इसके बाद भी हम जानना चाहते हैं, रचना कर्म के विस्तार में, उसकी परिधि की सीमा में आप कविता 'अँधेरे में' को किस तरह देखते हैं?

नामवर सिंह :

मुक्तिबोध की कविता 'अँधेरे में' पचास-पचपन बरस बाद भी आख़िर इतनी प्रासंगिक क्यों बनी हुई है? पिछले चार-पाँच वर्षों से 'अँधेरे में' कविता पर सबसे अधिक चर्चा हो रही है लगातार। अपनी-अपनी तरह से नयी से नयी व्याख्या हो रही है। मैंने पहले भी कहा है, 'अँधेरे में' कविता जीवन के बड़े प्रश्नों से जूझने वाली कविता है। आखिर कोई तो बात होगी इस अनूठी कविता में?

महावीर अग्रवाल :

उसी अनूठे बिन्दु तक आपके माध्यम से हिन्दी समाज एक बार फिर पहुँचना चाहता है नामवर जी। एक बार फिर आप ही रास्ता बता सकते हैं।

नामवर सिंह :

अपने विराट कैनवास में 'अँधेरे में' अपने आसपास के अनगिनत सवालों के जवाब लेकर साथ चलती प्रतीत होती है। पचास बरस पहले 1964 में लिखी गयी कविता का काला सच आज 2016 में हमारे सामने उजाले के भीतर से बहुत साफ़ नज़र आता है। लुका-छिपी का खेल बहुत पहले ही ख़त्म हो चुका है। सब कुछ आईने की तरह साफ़ है हमारे सामने। इस महती कविता की कभी आठ तो कभी दस पंक्तियों का उद्धरण देकर सैकड़ों बार रचनाकारों ने अपने विचार व्यक्त किये हैं। मैं चाहता हूँ–'अँधेरे में' कविता को पूरी तरह आत्मसात करने के लिए, समझने के लिए, कम-से-कम इस अंश की पूरी पंक्तियों को आप एक बार फिर से लिख लीजिए जिससे पढ़ने वालों को मेरा मन्तव्य पूरी तरह स्पष्ट हो सके–

"...विचित्र प्रोसेशन?
निस्तब्ध नगर के मध्य-रात्रि-अँधेरे में सुनसान
किसी दूर बैंड की दबी हुई कमागत तान-धुन,
मन्द-तार उच्च-निम्न स्वर-स्वन,
उदास-उदास ध्वनि-तरंगें हैं गम्भीर,
दीर्घ लहरियाँ!!

गैलरी में जाता हूँ, देखता है रास्ता
वह कोलतार-पथ अथवा
भरी हुई खिंची हुई कोई काली जिह्वा
बिजली के द्युतिमान दिये या
मरे हुए दाँतों का चमकदार नमूना!!

किन्तु, दूर सड़क के उस छोर
शीतभरे थर्राते तारों के अँधियाले तल में
नीलतेज-उद्भास
पास-पास पास-पास
आ रहा इस ओर!
दबी हुई गम्भीर, स्वर-स्वप्न तरंगें,
उदास तान-धुन शत-ध्वनि-संगम-संगीत
समीप आ रहा!!
और अब
गैस लाइट पाँतों की बिन्दुएँ छिटकीं
बीचोंबीच उनके
साँवले जुलूस-सा क्या-कुछ दीखता!!
और अब
गैसलाइट निलाई में रंगे अपार्थिव चेहरे,
बैंड दल,
उनके पीछे काले-काले बलवान घोड़ों का जत्था
दीखता,
घना व डरावना अवचेतन ही
जुलूस में चलता।
क्या शोभा-यात्रा
किसी मृत्यु-दल की?

अजीब!!
दोनों ओर, नीली-गैसलाइट-पाँत
चल रही, चल रही।
नींद में खोये हुए शहर की गहन अवचेतना में
हलचल (पाताली तल में
चमकदार साँपों की उड़ती हुई लगातार
लकीरों की वारदात!!
सब सोये हुए हैं।
लेकिन, मैं जाग रहा, देख रहा
रोमांचकारी यह जादुई करामात!!)

विचित्र प्रोसेशन,
गम्भीर क्विक मार्च...
कलावत्तुवाली काली जरीदार ड्रेस पहने
चमकदार बैंड-दल
अस्थि-रूम, यकृत-स्वरूप, उदर-आकृति आँतों के जालों से उलझे
हुए, बाजे वे दमकते हैं भयंकर
गम्भीर गति-स्वप्न-तरंगें
ध्वनियों के आवर्त मँडराते पथ पर।
बैंड के लोगों के चेहरे
मिलते हैं मेरे देखे हुओं से,
लगता है उनमें
कई प्रतिष्ठित पत्रकार
इसी नगर के!!
बड़े-बड़े नाम अरे, कैसे शामिल हो गये इस बैंड दल में
उनके पीछे चल रहा
संगीन-नोकों का चमकता जंगल,
चल रही पदचाप, तालबद्ध दीर्घ पाँत
टैंक-दल मोर्टार, आर्टिलरी, सन्नद्ध,

धीरे-धीरे बढ़ रहा जुलूस भयावना,
सैनिकों के पथराये चेहरे
चिढ़े हुए, झुलसे हुए, बिगड़े हुए चेहरे!
शायद, मैंने उन्हें पहले कहीं तो भी देखा था।
शायद, उनमें मेरे कई परिचित!!
उनके पीछे यह क्या!!
कैवलरी!!
काले-काले घोड़ों पर खाकी मिलिट्री ड्रेस,
चेहरे का आधा भाग सिन्दूरी-गेरुआ
आधा भाग कोलतारी भैरव,
भयानक!!
हाथों में चमचमाती सीधी खड़ी तलवार
आबदार!!
कन्धे से कमर तक कारतूसी बेल्ट है तिरछा
कमर में, चमड़े के कवर में पिस्तौल,
रोषभरी एकाग्र दृष्टि में धार है,
कर्नल ब्रिगेडियर, जनरल, मार्शल
कई और सेनापति सेनाध्यक्ष
चेहरे वे मेरे जाने-बूझे-से लगते,
उनके चित्र समाचार-पत्रों में छपे थे,
उनके लेख देखे थे,
यहाँ तक कि कविताएँ पढ़ी थीं
भई वाह!
उनमें कई प्रकाण्ड आलोचक, विचारक, जगमगाते कविगण,
मन्त्री भी, उद्योगपति और विद्वान
यहाँ तक कि शहर का हत्यारा कुख्यात
डोमाजी उस्ताद
बनता है बलबन

हाय, हाय!!
यहाँ ये दीखते हैं भूत पिशाच-काय।
भीतर का राक्षसी-स्वार्थ अब
साफ़ उभर आया है,
छुपे हुए उद्देश्य,
यहाँ निखर आये हैं,
यह शोभा-यात्रा है किसी मृत्यु-दल की

(विचारों की फिरकी
सिर में है घूमती)

इतने में प्रोसेशन में से कुछ मेरी ओर
आँखें उठीं रोषभर,
हृदय में मानो कि संगीन नोकें ही घुस पड़ीं बर्बर,
सड़क पर उठ खड़ा हो गया कोई शोर—
रास्ते भर भाग-दौड़ धका-पेल!!
गैलरी से भागा मैं पसीने से सराबोर!!
एकाएक टूट गया स्वप्न व छिन्न-भिन्न
हो गये सब चित्र... ।"

(मुक्तिबोध रचनावली : दो, पेपरबैक्स
पहला संस्करण, 1985, पृष्ठ 327-330)

आप देखिए महावीर जी, कितनी जीवन्त और बोलती हुई स्वप्न कथा है? काले-काले घोड़ों पर खाकी मिलिट्री ड्रेस वाले हैं, सिन्दूरी गेरुआ और कोलतारी भैरव के साथ आबदार चमचमाती तलवार भी है। कितनी अद्भुत फैंटेसी है? समूची कविता में मुक्तिबोध ने अनेक स्थलों पर फैंटेसी के माध्यम से समाज के भीतरी चेहरों की शिनाख़्त की है। ऐसे चेहरों ने नकाब हटाया है जो भीतर ही भीतर दीमक की तरह समाज को खोखला कर रहे हैं। जिज्ञासा तब चरम पर नज़र आती है, जब 'अँधेरे में' कविता की स्वप्न

कथा को हम बारात कहें या शोभायात्रा या आप और कोई दूसरा नाम भी दे सकते हैं। स्वप्न कथा के इस जुलूस में, ऐसा कौन-सा दोहरा चरित्र है जिसे मुक्तिबोध नहीं देखते? जुलूस में शामिल कहीं-कहीं तनिक मूर्त और कुछ अमूर्त भी नज़र आता है, जो बारात में शामिल दिखे थे, दूसरे दिन अपनी कलुषताओं को धोकर, उजले कपड़े में सजे-धजे नज़र आते हैं। एक-एक कर सभी के मुखौटे उतार देते हैं। अभिव्यक्ति कितनी बारीक़, गहरी और कमाल की है?

महावीर अग्रवाल :

स्वप्न की इस लम्बी यात्रा में सभी विपरीत ध्रुव वाले साथ-साथ नज़र आते हैं, कर्नल, ब्रिगेडियर जनरल, मार्शल, सेनापति जैसे सम्मान प्राप्त बड़े लोगों के साथ डाकू, नामी गुण्डे भी हैं। भयग्रस्त उथल-पुथल के बीच काव्यदृष्टि गतिमान रहती है विराट फलक को समेटते हुए।

नामवर सिंह :

और फिर देखने और समझने की बात यह है कि नेता भी, नामी गुण्डे के साथ-साथ है, इन दोनों के साथ ही न्यायाधीश, डाक्टर, मन्त्री और लेखक इन सभी की मिलीभगत को मुक्तिबोध ने कितने सलीके से रेखांकित किया है। प्रसंग महत्त्वपूर्ण तब अधिक बनता है, जब एक आम आदमी इन्हें पहचान लेता है– (गहन मृतात्माएँ इसी तरह की/हर रात जुलूस में चलतीं/परन्तु दिन में/बैठती हैं मिल कर करती हुई षड्यन्त्र/विभिन्न दफ़्तरों-कार्यालयों, केन्द्रों में घरों में... हाय, हाय! मैंने उन्हें देख लिया नंगा, इसकी मुझे सज़ा मिलेगी) अचानक यही होता है, शोभायात्रा के सदस्य भी समझ जाते हैं कि वे पहचान लिए गये हैं। अपने कोलतार पुते चेहरों की शिनाख़्त होने के कारण वे सब के सब आशंकित हो जाते हैं। उस सभी के सामने जीवन-मरण का प्रश्न है। सवाल यह है कि पोल खुलने से पहले पहचानने वाले आम आदमी को ख़त्म कैसे किया जाये? उन सभी के लिए यह बड़ी और विकट समस्या है। सच तो यह है कि अँधेरे के लिए ज़िम्मेदार, एक-दूसरे से घुले-मिले नेता, नामी गुण्डे, न्यायाधीश,

डाक्टर, मन्त्री और पत्रकार सभी को उसने देख लिया है, और यही उस आम आदमी का अपराध है। और अचानक सड़क के दूसरी ओर समवेत आवाज सुनाई पड़ती है—

मारो गोली, दागो—स्साले को एकदम
दुनिया की नज़रों से हटकर
छुपे तरीक़े से/हम जा रहे थे कि
आधी रात अँधेरे में उसने/देख लिया हमको
व जान गया वह सब
मार डालो, उसको ख़तम करो एकदम।

यथार्थ और स्वप्न में रची-बसी 'अँधेरे में' कविता का निचोड़ है यह पूरा का पूरा प्रसंग। फैंटेसी कहें या हमारे समय का सच या खुली आँखों से देखा गया सपना, यूटोपिया कहें या बिम्ब या कविता के पाठक जो भी नाम देना चाहें या फिर आलोचना की धुरी पर बैठी विद्वत्‌मण्डली कोई नया विवेचन-विश्लेषण प्रस्तुत करे, मुझे लगता है, शिनाख़्त का यही सच और डर कविता की आत्मा है।

महावीर अग्रवाल :

'कविता के नये प्रतिमान : पृष्ठ 150' पर आपने लिखा है, "अँधेरे में कविता की अर्थवत्ता उसके स्वप्न चित्रमय वातावरण में है, जो अपनी नाटकीय संरचना के द्वारा सीधे-सादे वाक्यों को भी काव्यात्मक गूँज से अनुरंजित कर देता है। चेखव की प्रसिद्ध कहानी 'वाद न. 6' को पढ़ने के बाद, कहते हैं लेनिन ने क्रान्ति से पहले कहा था कि सारा रूस 'वाद नं. 6' है। 'अँधेरे में' कविता को पढ़कर भी कोई यह महसूस किये बिना नहीं रह सकता कि यह आज का भारत है। स्वप्न चित्र जैसी एक अयथार्थ कला के द्वारा काव्यात्मक पुनः सृष्टि करके मुक्तिबोध ने एक विरोधाभास का ही चमत्कार पैदा नहीं किया, बल्कि आधुनिक हिन्दी कविता में एक कालजयी कृति की रचना की है।"

नामवर सिंह :

मेरा यह मानना है, पारिवारिक दायित्वों से ऊपर उठकर 'जो घर जारे आपनो चले हमारे साथ' जैसी कठिन राह पर वे जीवन भर चलते रहे। सामाजिक दायित्व और नागरिक चेतना की अलख क़लम के माध्यम से जगाते रहे। मानवीय हित के लिए आजीवन प्रयत्नशील रहे। गहरे संवेदन और दीप्त ज्ञान की अपनी कसौटी के बल पर ही 'भूल गलती', 'औरांग ऊटांग', 'भूरी-भूरी खाक धूल', 'क्लाड ईथरली' और 'ब्रह्मराक्षस का शिष्य' के बीच 'अँधेरे में' जैसी कालजयी रचना रच सके। मैंने हमेशा कहा है, 'फ़ासिस्म' के फैलते ख़ूनी पंजों को मुक्तिबोध पहले ही देख चुके थे। वस्तुतः कीक्ता का ख़ौफ़नाक काव्य-संसार मुक्तिबोध की समर्थ भाषा की ही सृष्टि है। महाकाव्यात्मक आख्यान है कविता 'अँधेरे में'। बेचैन मुक्तिबोध की सघन चेतना में हृदयस्पर्शी अपील की अनुगूँज है। क्रान्तिकारी चेतना से सराबोर है मुक्तिबोध की कविता—'अँधेरे में'।

सामाजिकता का अभिषेक कहानियाँ मुक्तिबोध की

महावीर अग्रवाल :

"मुक्तिबोध ने कविता की दुनिया में जो महत्त्वपूर्ण और युगान्तकारी कार्य किया है, कदाचित् आज अगर मूल्यांकन किया जाये तो घोषित कहानीकारों की अपेक्षा मुक्तिबोध ने कहानी की दुनिया में कहीं ज़्यादा महत्त्वपूर्ण कार्य किया है।" यह बात आपने सुरेश पाण्डेय से साक्षात्कार ('पहल' पुस्तिका 1985, पृष्ठ 20) में कही है। मुक्तिबोध की जन्मशताब्दी 2017 के अवसर पर इस कथन के तीन दशक बाद उनकी कहानियों के सम्बन्ध में आप किस तरह सोचते हैं?

नामवर सिंह :

हमारे सामाजिक जीवन में विलुप्त होते जा रहे मानवीय सम्बन्धों और बन्धुत्व की भावना को वे एक अच्छे समाज की बुनियाद मानते थे। गहरी संवेदना के धरातल पर सामाजिक अस्मिता को लगातार खोजते-परखते रहे मुक्तिबोध। मुक्तिबोध मूलतः कहानीकार नहीं हैं कवि हैं, इसके बाद भी उनकी कहानियों का स्थापत्य बहुत सधा हुआ है। ये अन्तर्वस्तु के अनुरूप ही बहुत सुन्दर तरीक़े से कहानी बुनते चले जाते हैं। उनकी कहानियाँ अपने समय की विद्रूपताओं से, विसंगतियों से लगातार मुठभेड़ करती हैं। जन-जन की आकांक्षाओं को जाना-समझा तथा कथा-साहित्य में उसे उकेरा, सामाजिक सरोकारों से जोड़ा और मूल्यबोध की दिशा में आगे बढ़ते चले गये। अन्तर्वस्तु के अनुरूप ही बहुत सुन्दर तरीक़े से कहानी बुनते चले जाते हैं। जतनपूर्वक हर कहानी में शिल्प को साधा है मुक्तिबोध ने।

बहुवर्गीय बृहत्तर समाज के भीतर से बहुत सावधानी, हिम्मत और ताक़त के साथ मुक्तिबोध ने नयी से नयी थीम चुनी। मौलिकता के दम पर हर थीम को आगे बढ़ाया और हर बार रची एक उम्दा कहानी।

महावीर अग्रवाल :

कहानी सृजन की अपनी स्वाभाविक वृत्ति के सम्बन्ध में गजानन माधव मुक्तिबोध 'तार सप्तक' के वक्तव्य में लिखते हैं, "कहानी लेखन आरम्भ करते ही मुझे अनुभव हुआ कि कथा तत्त्व मेरे उतना ही समीप है जितना काव्य। परन्तु कहानियाँ मैं बहुत ही थोड़ी लिखता था, अब भी कम लिखता हूँ। परिणामतः काव्य को मैं उतना ही समीप रखने लगा जितना कि स्पन्दन, इसीलिए काव्य की व्यापक करने की, अपनी जीवन-सीमा से उसकी सीमा से मिला देने की चाह दुर्निवार होने लगी। और मेरे काव्य का प्रवाह बदला।"

नामवर सिंह :

उन्होंने बहुत सहज होकर सीधी और सच्ची बात लिखी है। किसी के पीछे नहीं चले मुक्तिबोध। 'महाजनो येन गतः' वाली बात कहानियों में कहीं नज़र ही नहीं आती। मैंने पहले भी कहा है, "गुलेरी जी अपनी एक कहानी 'उसने कहा था' के द्वारा अमर हो सकते हैं, तो मुक्तिबोध की एक कहानी 'क्लाड ईथरली' भी हिन्दी में एक ऐसी ही कहानी है, दूसरे किसी आदमी ने न वैसी कहानी लिखी और न कोई लिखने की क्षमता रखता है।"

महावीर अग्रवाल :

मुक्तिबोध ने अपनी नवोन्मेषशाली प्रतिभा के बल पर 'क्लाड ईथरली' लिखी। युद्ध के भयावह परिणामस्वरूप मानव जीवन में उपजे हाहाकार को दिखाने वाली 'क्लाड ईथरली' जैसी समर्थ कोई दूसरी कहानी याद नहीं आती। पिछले तीन दशकों से 'क्लाड ईथरली' पर आपका उपरोक्त कथन पूरी तरह सत्य सिद्ध होता रहा है। मुक्तिबोध वर्ष 1936 से 1964 के बीच लिखी गयी अपनी कहानियों द्वारा जीवन के आधारभूत मूल्यों को परिभाषित करते हैं। उनकी कहानियों में किसी-न-किसी रूप में उनका दृष्टिपथ आकार पाता है।

मुक्तिबोध को मध्यवर्ग के भीतर प्रतिरोधी क्षमता धीरे-धीरे बहुत कम नज़र आती है। इसके बाद भी आख्यान हो या गल्प, क़िस्सागो की जद्दोजहद हो या कहानी का कहानीपन मुक्तिबोध ने अपनी कहानियों के माध्यम से एक साफ़-सुथरी मानवतावादी परम्परा को आगे बढ़ाया।

नामवर सिंह :

मध्यवर्ग के माध्यम से आपने बहुत सही बिन्दु की ओर संकेत किया है। मुक्तिबोध के समूचे रचना संसार में मध्यवर्ग के लिए गहरी बेचैनी और तड़प है। उन्होंने अपनी कहानियों में कभी नये-नये बिम्बों द्वारा, कभी अद्‌भुत फैंटेसी के माध्यम से अपने आख्यान को गतिशील ही नहीं प्राणवान भी बनाया। सबसे महती बात यह कि उनकी कहानियों के केन्द्र में मध्यवर्ग की आपाधापी और उसका जीवन संघर्ष है। मध्यवर्ग को ऊँचा उठाने की, उसका अभिषेक करने का प्रयत्न कहानियों में वे निरन्तर करते रहे। मुक्तिबोध अपने कर्म और विचार की रौशनी से समूचे समाज को रौशन करते रहे, मध्यवर्ग को आगे बढ़ने की प्रेरणा देते रहे। अनेक मिथकीय सन्दर्भों के बीच उनका कथालोक मुझे याद आता है।

महावीर अग्रवाल :

'कहानी नयी कहानी' में प्रकाशित निबन्ध 'कहानी और फैंटेसी' पृष्ठ 80 पर आपने लिखा है, "अब इसे अच्छा समझिए या बुरा, ये कहानियाँ एक ख़्वाब से जगाती हैं और दूसरे ख़्वाब में आँखें खोल देती हैं...दुनिया को बदलने के लिए लेखक अपनी कहानी की दुनिया बदल देता है! दुनिया के नियमों को तोड़ने के लिए लेखक अपनी दुनिया को दूसरे नियमों से बनाता है। जादू की छड़ी से छूकर हर चीज़ को वह और का और बता देता है। अजब नहीं जो यह जादू की छड़ी पाठक को भी छू जाय! बचपन में इस जादू की छड़ी का असर गहरा होता था लेकिन अब इस असर को नकारना भी बचपना होगा।"

नामवर सिह :

मुक्तिबोध की कहानी 'ब्रह्मराक्षस का शिष्य' की फैंटेसी में गुरु का बढ़ता हुआ, लम्बा होता हुआ हाथ चकित करता है। 'क्लाड ईथरली' में भारत में अमरीका जैसी फैंटेसी है। आपने जिस निबन्ध की चर्चा की है, यह सबसे पहले मासिक पत्रिका 'नयी कहानियाँ' फ़रवरी, 1960 में प्रकाशित हुआ था। उसी पृष्ठ पर तनिक आगे मैंने यह भी लिखा है, "कहानी के साथ समय का कुछ अजीब सा सम्बन्ध है। कहानी शायद समय की कला है! समय के साथ कहानी अनेक प्रकार की कलाएँ दिखाती है। कभी वर्षों को समेट कर एक क्षण में बाँध देती है, कभी क्षण को खोलकर वर्षों में फैला देती है।" कहना न होगा कि कहानीकार नयी संवेदना के साथ अन्वेषण की राह पर चलते हुए जटिलता व दुरूहता के बीच बिम्ब और प्रतीक की बातें करने लगे हैं। पाठक भी संवेदनशील कथादृष्टि के सहारे फैंटेसी को समझते हुए कहानीकार की बनायी एक नयी दुनिया में प्रवेश करता है। क्यूरोसिटी बढ़ती जाती है। पाठक कभी कहानी के साथ-साथ और कभी स्वयं की कल्पना सृष्टि के सहारे कहानी के आगे भी सोचने लगता है। फैंटेसी का आधार और व्यंजना कहानी को गति देती है। मैंने पहले भी कहा है, वस्तुतः मौलिक प्रश्न सर्जनात्मक दृष्टि का है, जिसे अंग्रेज़ी में कभी-कभी 'क्रियेटिव विज़न' कहा जाता है, जो अपने युग के मर्म को बेधने के साथ अपने युग की मनोगत और वस्तुगत सीमाओं का अतिक्रमण कर सकने में समर्थ होती है। सच यही है, अपनी कहानियों में मौलिक सोच और दृष्टि के साथ नयी राह गढ़ते हुए नज़र आते हैं मुक्तिबोध।

महावीर अग्रवाल :

कहानी 'ब्रह्मराक्षस का शिष्य' की चर्चा करें या 'क्लाड ईथरली' की दोनों ही अपनी तरह की अनोखी कहानी हैं...

नामवर सिंह :

दोनों कहानियों के इतर भी अनेक कहानियाँ शानदार हैं। आलोचक का यह कर्त्तव्य भी है, कि वह देखे वस्तुनिष्ठ ढंग से—लेखक का प्रयास किस

दिशा की ओर ले जाता है पाठक को? उनकी कहानियाँ क्या कहना चाहती हैं? 'एक टीले और डाकू की कहानी' में मुक्तिबोध कहते हैं, 'आत्म-संघर्ष व्यक्तित्व-रूपान्तरण का माध्यम है'। 'मैत्री की माँग', 'नयी ज़िन्दगी', 'दो चेहरे', 'मोह और मरण', 'प्रश्न', 'आखेट', 'भूत का उपचार', 'एक दाख़िल दफ़्तर साँझ' जैसी विविधता से भरीपूरी कहानियाँ हैं। 'समझौता', 'चाबुक', 'विद्रूप', 'सतह से उठता आदमी' जैसी कहानियों के अधिकांश पात्र वे अभिशप्त मध्यवर्गीय स्त्री-पुरुष हैं जो जीवन-दर्शन के अभाव में, अन्धकार में प्रेतात्माओं की तरह भटकते नज़र आते हैं। आप ग़ौर कीजिए—कविता 'अँधेरे में' की तुलना में कहानी 'अँधेरे में' की चर्चा बहुत कम हुई है। 'सतह से उठता आदमी' जिसे केन्द्र में रखकर मणिकौल ने एक सार्थक फ़िल्म भी बनायी है। 'जंक्शन' और 'प्रश्न' के साथ 'पक्षी और दीमक' कहानी में कोई-न-कोई नया बिन्दु यथार्थ के उदात्त स्वरूप को खोलता चलता है। मुक्तिबोध की हर कहानी मन को गहरे तक छूती है। कुछ कहानियाँ कमज़ोर भी हो सकती हैं, इसके बाद भी मेरा मानना है कहानियों के भीतर छोटे-छोटे बिम्बों के माध्यम से बड़ी-बड़ी बातें कहने की महारत मुक्तिबोध हासिल कर चुके थे।

महावीर अग्रवाल :

बहुत विस्तार में न जाकर केवल 'विपात्र' के माध्यम से कहना चाहता हूँ, 'विपात्र' की चर्चा कभी लम्बी कहानी के रूप में और कभी लघु उपन्यास के रूप में होती रही है।

नामवर सिंह :

कहानी की संरचना और भाषा अलग तरह की होने के बाद भी 'विपात्र' कहानी पृष्ठ-दर-पृष्ठ फैलती चली जाती है। जीवन के बड़े संघर्षों के लिए उपन्यास का बड़ा फलक चाहिए। कहानी में उसकी सीमाओं के कारण व्यापकता की गुंजाइश कम रहती है। विधाओं के लौह शिकंजे को बहुत मज़बूती से पकड़े रहने का आग्रह न हो तब भी कहानी तथा उपन्यास के मूल तत्त्वों की कसौटी पर 'विपात्र' को परखने की कोशिश करता हूँ,

तो दोनों ही दृष्टि से रेखांकित करने योग्य कोई नयी बात मुझे 'विपात्र' कहानी में नहीं दिखाई देती।

महावीर अग्रवाल :

कहानी और उपन्यास में फ़र्क़ तो रहता ही है। आप 'विपात्र' को क्या मानते हैं?

नामवर सिंह :

पद्य विधा में जिस तरह मुक्तक, ग़ज़ल, खण्ड काव्य, और प्रबन्ध काव्य को साफ़-साफ़ परिभाषित किया गया है, इस तरह का कोई वस्तुनिष्ठ वर्गीकरण या सीमांकन गद्य साहित्य में नहीं है। मूल विधा आख्यान, आख्यायिका, गल्प के साथ कहानी शब्द का प्रयोग होने लगा है। कहानी का परिदृश्य लगातार बदलता हुआ लगता है। बहुत विस्तार में जाने की आवश्यकता नहीं है, 'विपात्र' कहानी पर आपका विश्लेषण एकदम सही है। इसके बाद भी यह प्रसंग कहानी को मज़बूती भी प्रदान करता है—"मैंने मुँह लटकाकर रास्ते में जगत से कहा, 'आदमी-आदमी के बीच फासले दूर कैसे होंगे?' जगत ने एक गहरी साँस ली। उसने कहा, 'उनको बातचीत से दूर नहीं किया जा सकता, क्योंकि वहाँ तरह-तरह के भेदों के दलदल हैं।' तब मैंने मानो ज़ोर से चीख़कर कहा, "हाँ, हमें इस दलदल को सुखाना होगा। लेकिन उसके लिए तो किसी ज्वालामुखी की ही आग चाहिए'।"

महावीर अग्रवाल :

कहानी 'विपात्र' में और भी कई बातें हैं।

नामवर सिंह :

'विपात्र' पर इतनी चर्चा पर्याप्त है। अब दूसरी कहानियों की ओर रुख किया जाये। मुक्तिबोध की अधिकांश कहानियों में अभिव्यक्ति का दायरा लगातार गहरी अपील करता है। मुक्तिबोध के चिन्तन और चेतना से सजी कल्पनाशक्ति और जीवन दर्शन से कहानी को सही दिशा मिलती है।

हमारे समाज में जितनी तेज़ी से परिवर्तन हो रहे हैं, पारिवारिक टूटन और सामाजिक मूल्य की गिरावट को मुक्तिबोध की कहानियाँ पढ़ते हुए उम्मीद की हल्की-सी किरण फूट पड़ती है। बृहत्तर समाज की विराट शुभाकांक्षा से गुंफित हैं ये कहानियाँ। ये कहानियाँ मानव मूल्यों के विकास और पुनःसंस्करण की ओर ले जाने के लिए विचार करती हैं।

महावीर अग्रवाल :

मुझे उनकी कहानियों में 'क्लाड ईथरली' सबसे अधिक आन्दोलित करती है। आज बातचीत की शुरुआत कहानी 'क्लाड ईथरली' से करना चाहता हूँ...

नामवर सिंह :

युद्ध की भयावह परिणति का दर्पण दिखाती 'क्लाड ईथरली' बेहद मर्मस्पर्शी और उत्तेजना से भरी हुई है। हिरोशिमा और नागासाकी पर बम गिराने वाला विमान चालक परिणाम देखकर स्वयं दहल जाता है। अपराध बोध और पश्चात्ताप की राह पर चलते विमान चालक के भीतर कितनी तड़प है, कितनी बेचैनी है? अनुभूति और संवेदना के धरातल पर आन्तरिक पीड़ा से भरा हुआ उसका चरित्र बहुत कुछ कहता है, 'समझ सके तो समझ ज़िन्दगी की उलझन को, सवाल उतने नहीं जवाब हैं जितने'। 'क्लाड ईथरली' कहानी में मुक्तिबोध ने लिखा है, "तो तुमने मैकमिलन की वह तकरीर भी पढ़ी होगी जो उसने...को दी थी। उसने क्या कहा था? यह देश, हमारे सैनिक गुट में तो नहीं है किन्तु संस्कृति और आत्मा से हमारे साथ हैं। क्या मैकमिलन सफ़ेद झूठ कह रहा था? कतई नहीं।" सच तो यह है कि यह एक महत्त्वपूर्ण तथ्य पर प्रकाश डाल रहा था। मैकमिलन की योजनाबद्ध कूटनीतिक जटिलता की सफलता उसके इस कथन की गहराई में छिपी हुई है।

महावीर अग्रवाल :

अपनी संवेदनात्मक शक्ति से 'आत्मा की आवाज़' सुनती हुई कहानी 'क्लाड ईथरली' का यह प्रसंग कितनी व्यंजना से भरा हुआ है, 'क्लाड ईथरली' के

सम्बन्ध में कहा गया है, "कौन नहीं जानता कि क्लाड ईथरली अणुयुद्ध का विरोध करने वाली आत्मा की आवाज़ का दूसरा नाम है। हाँ! ईथरली मानसिक रोगी नहीं है। आध्यात्मिक अशान्ति का, आध्यात्मिक उद्विग्नता का प्रतीक है। क्या इससे तुम इनकार करते हो?"

नामवर सिंह :

कहानी 'क्लाड ईथरली' में नायक के भावनात्मक अन्तर्द्वन्द्व का बहुत बारीक़ व मर्मस्पर्शी चित्र खींचते हैं मुक्तिबोध। उनकी ज्ञान में लिपटी संवेदना भीतर तक उतरती चली जाती है। द्वितीय विश्व युद्ध के परिणाम को विमान गिराने वाला नायक बदलते परिवेश में समूची त्रासदी को देखता है तो भीतर ही भीतर हिल जाता है। काल-कवलित होने वाले लाखों लोगों की पीड़ा-दुख-दर्द को देखकर, अपने अपराध बोध को महसूस कर उसकी आत्मा उसे धिक्कारने लगती है।

महावीर अग्रवाल :

पिछले दिनों 'पूर्वग्रह 144-45-जनवरी-जून 2014' में गगन गिल की सुन्दर रचना 'जीवन में कविता का जादू' के साथ चला। गगन गिल ने जादू की तरह ही हिरोशिमा पर लिखी नाजिम हिकमत की कविता 'मैं जाता हूँ और रुकता हूँ हर दरवाज़े पर' से मिलवा दिया–

मैं जाता हूँ और रुकता हूँ हर दरवाज़े पर
कोई नहीं सुनता मेरी मूक पदचाप
मैं खटखटाता हूँ और रहता हूँ अदृश्य
कि मृत हूँ मैं, कि मरे हुए मुझे
बीत गये बरस कई हिरोशिमा में
सिर्फ़ सात का, जैसा था तब
बच्चे जब मर जायें, बढ़ते नहीं फिर...।

हिरोशिमा में मरा बच्चा दर-दर जा रहा है, खटखटा रहा है, लड़ो मत, बच्चों को जीने दो, कि वे बड़े हो सकें, हँसें और खेल सकें। 'नाजिम हिकमत' की यह तरल कविता पढ़ते हुए मुझे मुक्तिबोध की संवेदना के साथ कहानी 'क्लाड ईथरली' याद आती रही।

नामवर सिंह :

सचमुच बहुत सहज सरल और मर्म को छूने वाली कविता है यह। बिल्कुल 'क्लाड ईथरली' कहानी की ही तरह हिरोशिमा और नागासाकी के नरसंहार को सामने खड़ा कर देती है। पश्चात्ताप की आग में जलता हुआ कहानी के नायक 'क्लाड ईथरली' का यथार्थ बोध हमारे समय का बहुत बड़ा सच है। 'क्लाड ईथरली' के क्रियाकलाप और निडरता से भरी हुई प्रतिक्रिया अमेरिकी सत्ता पर भारी पड़ती है। मुक्तिबोध के शब्दों में 'पागल' का विश्लेषण इन शब्दों में किया गया है जो आदमी आत्मा की आवाज़ ज़रूरत से .ज्यादा सुन करके हमेशा बेचैन रहा करता है और उस बेचैनी में भीतर के हुकूमत का पालन करता है, वह निहायत पागल है। पुराने ज़माने में संत हो सकता था। आजकल उसे पागलखाने में डाल दिया जाता है। वह पागलखाना अमेरिका के बाद हिन्दुस्तान में निकल आता है, 'मैं' अर्थात् सी.आई. डी. उससे पूछता है? तो क्या यह हिन्दुस्तान नहीं है? हम अमरीका में रह रहे हैं? सत्ता अपने को सुरक्षित रखने के लिए 'क्लाड ईथरली' को पागल घोषित कर पागलखाने में डाल देने वाले इस प्रसंग की फैंटेसी में मुक्तिबोध सत्ता का चरित्र उधेड़ते चलते हैं। मैं यह मानता हूँ, मानवीय संवेदना और ज्ञान से भरी 'क्लाड ईथरली' कहानी से मानवीय सरोकारों को बल मिलता है।

महावीर अग्रवाल :

'क्लाड ईथरली' कहानी पर कथाशिल्पी कमलेश्वर का यह कथन बहुत प्रासंगिक लगता है, (सापेक्ष 55 : पृष्ठ 238) कहानियों पर चर्चा करते 'कविता 'अँधेरे में' की व्यापक स्वीकृति पर जब भी विचार करता हूँ तो मुझे लगता है, कहानी की दुनिया में मुक्तिबोध का मूल्यांकन एकपक्षीय और अधूरा है। मेरी दृष्टि में 'क्लाड ईथरली' उनकी अमर कृति है।'

नामवर सिंह :

अमेरिकी सरकार के आदेश का पालन करते हुए 'विमान चालक' ने 06 अगस्त 1945 को हिरोशिमा में और 09 अगस्त 1945 को नागासाकी

पर बम गिरा दिया। लाखों लोग देखते ही देखते काल-कवलित हो गये। मुक्तिबोध एटमी संहार देखकर इस घटना से बहुत विचलित हुए। 'क्लाड ईथरली' द्वारा अणुबम गिराया जाना कहानी का यथार्थ है। अमरीकी विमान चालक का बदला हुआ नाम है 'क्लाड ईथरली' जिसने हिरोशिमा पर बम गिराया था, उसका सही नाम मेजर जनरल चार्ल्स डब्ल्यू स्वीनी है। मुक्तिबोध द्वारा गढ़ा गया नाम 'क्लाड ईथरली', केवल नाम ही नहीं, एक अन्यतम फैंटेसी भी है। इसी फैंटेसी के बल पर ही 'आत्मा की आवाज़' सुनी जाती है। मुक्तिबोध ने फैंटेसी के बल पर अपराधबोध और पश्चात्ताप से भरे हुए नये 'क्लाड ईथरली' की रचना की। अणुबम की विनाशलीला देखकर बम गिराने वाला स्वयं दहल गया। छोटे-छोटे भावनात्मक दृश्यों में 'क्लाड ईथरली' की मनःस्थिति को उभारते हैं मुक्तिबोध। नाटकीय दृश्यों में, पूरी कथा-संरचना में बम गिराने वाले की मानसिकता पूरी तरह खुलती चली जाती है। जनाना जासूस की उपस्थिति भी एक नयी तरह की फैंटेसी है। मुक्तिबोध द्वारा रची गयी फैंटेसी में 'क्लाड ईथरली' का नया रूप और नया अन्तर्लोक सामने आता है। सच तो यही है, हर दृष्टि से जितनी चर्चा 'क्लाड ईथरली' की होनी चाहिए, शतांश भी नहीं हो सकी है।

महावीर अग्रवाल :

ब्रह्मराक्षस क्या है? एक ऐसे प्रेत या पिशाच के लिए 'ब्रह्मराक्षस' शब्द का प्रयोग किया जाता है, जिसका न कभी पुनर्जन्म होता है और न ही कभी मुक्ति मिलती है। मेरी जानकारी में 'ब्रह्मराक्षस' इसी रूप में परिभाषित होता रहा है।

नामवर सिंह :

है यह बात तो है। 'ब्रह्मराक्षस' शुरू से ही अचेतन में अतृप्त मन का प्रतीक माना जाता रहा है। आज आपने बहुत सही बिन्दु पर कहानी पर चर्चा शुरू की है। मुक्तिबोध को जानने-समझने के लिए कविता 'ब्रह्मराक्षस' और कहानी 'ब्रह्मराक्षस का शिष्य' दोनों से बहुत सहायता मिलती है। ब्रह्मराक्षस बहुत बड़ा ज्ञानी है। 'ब्रह्मराक्षस' की मुक्ति नहीं होने का एक बड़ा कारण

वह असीम ज्ञान ही है, जिसे वह अपने किसी शिष्य को शतप्रतिशत हस्तान्तरित करना चाहता है। चिरकाल से वह ऐसे शिष्य की खोज में है। 'ब्रह्मराक्षस' को अपने ज्ञान पर बड़ा गुमान और दम्भ है। यह बात आप जानते ही हैं, "सूर्य की किरणें बावड़ी में गिरती हैं तो उसे लगता है कि सूर्य उसे नमस्कार कर रहा है। उसी तरह रात को चाँदनी का प्रकाश बावड़ी में पड़ता है तो 'ब्रह्मराक्षस' को लगता है चन्द्रमा भी उसे ज्ञान गुरु मानकर उसकी वन्दना कर रहा है।"

महावीर अग्रवाल :

मेरे मन में बार-बार यह विचार कौंधता है, इतना ज्ञानी होने के बाद भी 'ब्रह्मराक्षस' मन और तन दोनों ही तरह से हमेशा अशान्त क्यों रहता है?

नामवर सिंह :

कहानी 'ब्रह्मराक्षस का शिष्य' को भी शास्त्रीय अवधारणा मानें या धार्मिक विश्वास समझें, मुक्तिबोध ने लोक में प्रचलित मिथक से जुड़ी अवधारणा का ही प्रयोग किया है। प्रचलित अवधारणा के अनुसार 'ब्रह्मराक्षस' एक ऐसे ज्ञानी ब्राह्मण की अतृप्त मृतात्मा होती है, जो अपने ज्ञान को उपयुक्त पात्र के अभाव में किसी को नहीं देती, अपने ही साथ लेकर मर जाती है। 'ब्रह्मराक्षस का शिष्य' कहानी से इस कथन की पूरी तरह पुष्टि होती है। 'ब्रह्मराक्षस' को सुमेरी बेबीलोनी जनकथाओं से लेकर वैदिक ऋचाओं तक उसे सब कण्ठस्थ है। उसके साथ ही 'ब्रह्मराक्षस' को मार्क्स, ऐंगेल्स, रसेल, टायन्वी, हाईडेग्गर, स्पेंग्लर, सार्त्र और गाँधी सहित दुनिया के प्रसिद्ध दार्शनिक सूत्रों और सिद्धान्तों की व्याख्या करता है। इसी कारण अनर्गल प्रलाप और बड़बड़ाहट की ध्वनियाँ और प्रतिध्वनियाँ बावड़ी से निकलती रहती हैं। यहाँ केवल ज्ञान की शक्ति से भरा हुआ संसार है, सामाजिकता का भाव और संवेदना की शक्ति ज्ञान को छू भी नहीं पाती। यह भी बड़ा कारण है कि 'ब्रह्मराक्षस' हमेशा अशान्त रहता है। उसकी ज्ञान साधना का कोई व्यापक सामाजिक उद्देश्य नहीं है इसलिए भी वह बेचैन व अशान्त रहता है।

महावीर अग्रवाल :

इसी कहानी में (मुक्तिबोध रचनावली 3, पृष्ठ 119-120) 'ब्रह्मराक्षस' अर्थात् गुरु ने दुखपूर्ण कोमलता से कहा, "शिष्य–स्पष्ट कर दूँ कि मैं 'ब्रह्मराक्षस' हूँ। किन्तु फिर भी तुम्हारा गुरु हूँ। मुझे तुम्हारा स्नेह चाहिए। अपने मानव-जीवन में मैंने विश्व की समस्त विद्या को मथ डाला किन्तु दुर्भाग्य से कोई योग्य शिष्य न मिल पाया कि जिसे मैं समस्त ज्ञान दे पाता। इसीलिए मेरी आत्मा इस संसार में अटकी रह गयी और मैं 'ब्रह्मराक्षस' के रूप में यहाँ विराजमान रहा। मैंने अज्ञान से तुम्हारी मुक्ति की। तुमने मेरा ज्ञान प्राप्त कर मेरी आत्मा को मुक्ति दिला दी। ज्ञान का लाया हुआ उत्तरदायित्व मैंने पूरा किया। अब मेरा यह उत्तरदायित्व तुम पर आ गया है। जब तक मेरा दिया हुआ तुम किसी और को न दोगे, तुम्हारी मुक्ति नहीं।" यह कथन पढ़ते हुए मुझे लगता है, अभिव्यक्ति की बेचैनी बेहद गर्भित ही नहीं गूढ़ अर्थ से भरी हुई है।

नामवर सिंह :

इसी गहरे और सार्थक बिन्दु तक पहुँचाकर मुक्तिबोध एक सामान्य कहानी को फैंटेसी का अद्‌भुत प्रयोग करते हुए बेहद संवेदनशीलता से भरी हुई एक लाजवाब कहानी बना देते हैं। रचना में गूढ़ अर्थध्वनि और अभिव्यक्ति की बेचैनी दोनों ही मुक्तिबोध के व्यक्तित्व की विशेषता रही है।

महावीर अग्रवाल :

हिन्दी के अनेक आलोचक और रचनाकार यह मानते हैं कि 'ब्रह्मराक्षस' का आत्म-संघर्ष, मुक्तिबोध का ही आत्म बिम्ब है, उनका स्वयं का आत्मसंघर्ष है।

नामवर सिंह :

यह बात श्रीकान्त वर्मा ने सबसे पहले 'काठ का सपना' की भूमिका (पृष्ठ 7) में लिखी है, "मुक्तिबोध ने जिस तरह का अभिशप्त और निर्वासित जीवन जिया, उसकी पीड़ा को एक 'ब्रह्मराक्षस' ही समझ सकता है।

सच्चाई यह है कि मुक्तिबोध स्वयं 'ब्रह्मराक्षस' थे और स्वयं ही 'ब्रह्मराक्षस का शिष्य' भी"। इस बिन्दु पर विचार के परिप्रेक्ष्य में याद आता है, मुक्तिबोध बार-बार यह कहा करते थे, "यथार्थवाद नितान्त वस्तुगत चीज़ नहीं है, 'सब्जेक्ट', 'आब्जेक्ट' की 'डायलेक्टिक्स' है। जो रचनाकार है उसकी चेतना, उसकी समझ और स्वयं वास्तविकता, इन दोनों के द्वन्द्वात्मक समझ से जो कृति बनती है वही मूल्यवान है।" मेरे विचार से 'ब्रह्मराक्षस' के आत्म-संघर्ष और 'मुक्तिबोध' के आत्म-संघर्ष में एकरूपता का बोध होता है, तो यह मुक्तिबोध की रचनात्मकता और 'डायलेक्टिक्स' का कमाल है।

महावीर अग्रवाल :

मुक्तिबोध स्वयं को (मुक्तिबोध रचनावली 4, पृष्ठ 177) 'ब्रह्मराक्षस' सम्बोधित करते है, "मैं ब्रह्मराक्षस हूँ। अनादिकाल से चला आया 'ब्रह्मराक्षस' जिसने हमेशा सही रहने की कोशिश की और गलती करता चला गया।"

नामवर सिंह :

हमें यह जानना-समझना होगा, 'ब्रह्मराक्षस' फैंटेसी के माध्यम से रचा गया एक ऐसा बिम्ब है, जिसमें मुक्तिबोध के व्यक्तित्व और उनके दृष्टिकोण की परछाईं या छाप दिखाई देती है। उनके संघर्ष की, उनकी व्यथा-कथा की झलक मिलती है। इसका अर्थ यह नहीं कि वे स्वयं मुक्तिबोध हैं। 'फैंटेसी' की विशेषता बताते हुए मुक्तिबोध (मुक्तिबोध रचनावली 4, पृष्ठ 197) लिखते हैं, "उसमें तथ्यात्मक जीवन और उसकी स्वानुभूत विशेषताएँ अधिकाधिक प्रच्छन्न, गौण और नेपथ्यवासी हो जाती हैं। कल्पना अधिकाधिक स्वतन्त्र होकर अधिकतर भावपक्ष का ही मूर्त विधान करती है और विभाव पक्ष को मात्र सूचित अथवा ध्वनित करती है। 'फैंटेसी' में विभाव पक्ष के कल्पना बिम्ब प्रतीकात्मक होकर अपनी मूल भूमि से इतना दूर जा पड़ते हैं कि वे विभाव पक्ष का भूगोल और इतिहास छोड़कर, उसका दिक्काल त्यागकर अपना स्वतन्त्र दिक्काल स्थापित कर लेते हैं।" यही इस कहानी के साथ भी घटित होता है और मुक्तिबोध को ही 'ब्रह्मराक्षस' मान लिया जाता है। 'फैंटेसी' की ध्वनि के अनुसार,

एक ओर यह ज़रूर है कि कहीं-न-कहीं मुक्तिबोध के भीतर 'ब्रह्मराक्षस' धड़कता प्रतीत होता है। दूसरी ओर दोनों की तुलना करें तो मुक्तिबोध के जीवन और समग्र चिन्तन के केन्द्र में 'संवेदनात्मक ज्ञान और ज्ञानात्मक संवेदना' है। एक ओर 'ब्रह्मराक्षस' अपने किसी पाप बोध से ग्रस्त है और अपने ज्ञान को उपयुक्त पात्र के अभाव में किसी को न देकर अपने साथ लेकर मर जाने का गहरा अहसास है। दूसरी ओर मुक्तिबोध के भीतर किसी तरह का अपराधबोध नहीं है। एक ओर ब्रह्मराक्षस घोर व्यक्तिवादी है दो दूसरी ओर मुक्तिबोध व्यक्तिवाद के घोर विरोधी हैं। इसके बाद भी स्वयं की अस्मिता की तलाश, समाज की अस्मिता की खोज—यही कहानी 'ब्रह्मराक्षस का शिष्य' की शक्ति और सार्थकता है।

महावीर अग्रवाल :

मुक्तिबोध की कहानी 'पक्षी और दीमक' का यथार्थ इतना गतिशील है कि पाँच दशक बाद भी यह आज की कहानी प्रतीत होती है। दिसम्बर 1963 में यह कहानी 'कल्पना' पत्रिका में प्रकाशित हुई थी। कहना न होगा क़दम-क़दम पर फैले चतुर्दिक भ्रष्टाचार का दर्पण बन चुकी है यह कहानी 'पक्षी और दीमक'। मनुष्य के मन में जड़ें जमा चुकी लोभ-लालच की प्रवृत्ति का परिणाम भी दिखाता है लेखक इस कहानी के माध्यम से। समय व समाज में घटती रहती, भ्रष्टाचार से जुड़ी घटनाओं का चित्रण मुक्तिबोध ने इस तरह किया है, "इसलिए कि माली साल की आख़िरी तारीख़ को अब सिर्फ़ दो या तीन दिन बचे हैं। सरकारी 'ग्राण्ट' अभी मंजूर नहीं हो पा रही है, काग़ज़ात अभी वित्त विभाग में ही अटके पड़े हैं। आफ़िसों से बाहर, गलियारे से दूर किसी कोने के पेशाबघर के पास, या होटलों के कोनों में क्लर्कों की मुट्ठियाँ गरम की जा रही हैं ताकि 'ग्राण्ट' मंजूर हो और जल्दी मिल जाये।" (मुक्तिबोध रचनावली 3, 'पक्षी और दीमक' पृष्ठ 144)। भ्रष्टाचार से जुड़ी स्थितियाँ बिल्कुल भी कम नहीं हुई हैं, वरन् अधिक मज़बूत नज़र आती हैं।

नामवर सिंह :

चित्रण के नज़रिए से आपकी बात ठीक है महावीर जी। 'पक्षी और दीमक' कहानी के माध्यम से मुक्तिबोध समाज की विद्रूपताओं के एक बड़े सच को सामने रखते हुए उसे एक सकारात्मक दिशा देते हैं। लालच और भ्रष्ट आचरण के परिणाम को कितनी तार्किकता और सच्चाई के साथ दिखाते हैं मुक्तिबोध। "उड़ने से लाचार पक्षी स्वयं दीमक इकट्ठे करने लगता है। एक दिन अचानक उसे वह दीमक बेचने वाला पुनः दिखाई देता है। पक्षी उस दीमक बेचने वाले से कहता है कि वह उससे दीमक ले ले और बदले में उसके पंख उसे लौटा दे। इस पर दीमक बेचने वाला दो टूक उत्तर देता है—बेवकूफ़, मैं दीमक के बदले पंख लेता हूँ, पंख के बदले दीमक नहीं। पक्षी पछता कर रह जाता है। एक दिन एक बिल्ली आती है और उस पंखविहीन पक्षी को मुँह में दबाकर उसके लाचार जीवन को समाप्त कर देती है।"

महावीर अग्रवाल :

दीमक की तरह समाज को खोखला करने वाले भ्रष्टाचार की विषम स्थितियों के बीच मुक्तिबोध ने नायक के अन्तर्द्वन्द्व को इस तरह दिखाया है, "साफ़ है कि उस भगवे खद्दर कुरते वाले से मैं दुश्मनी मोल नहीं लेना चाहता। मैं उसके प्रति वफ़ादार रहूँगा क्योंकि मैं उसका आदमी हूँ। भले ही वह बुरा हो। भ्रष्टाचारी हो, किन्तु उसी के कारण मेरी आमदनी के ज़रिए बने हुए हैं। व्यक्ति-निष्ठा भी कोई चीज़ है, उसके कारण ही मैं विश्वासयोग्य माना गया हूँ। इसलिए मैं कई महत्त्वपूर्ण कमेटियों का सदस्य हैं।" आधुनिक यथार्थ की जटिलताओं का चित्रण बहुत ख़ूबसूरती के साथ करते हैं मुक्तिबोध। विचित्र मनःस्थिति के बीच नायक झूलता रहता है। 'पक्षी और दीमक' के लालची पक्षी के दुखदायी अन्त और करुणा से भरी सीख वाले बिन्दु की बात आप कह रहे थे?

नामवर सिंह :

हाँ, 'पक्षी और दीमक' कहानी में प्रतीक और बिम्ब की बात छूट रही थी। भगवे खद्दर कुरते वाले की 'शेवरलेट', चील, आत्मालोचन का गटर और सूरत के बिगड़े अनुपात जैसे बिम्ब-प्रतीक में 'मछलियों के शिकार की ताक लगाये' और 'साँप' है और 'जहाँ साँप देखो मार डालो' जैसी व्यंजना से भरे कथन हैं। इन सारी विशिष्टताओं के बीच कहानी का अन्तिम हिस्सा बहुत मूल्यवान है। यह मुझे गहराई के साथ अपील करता हुआ उत्तेजना से भर देता है—कहानी अपने चरमोत्कर्ष पर तब पहुँचती है जब कहानी का नायक 'श्यामला' को नीति कथा सुनाने के बाद अनेक तरह से नायक का मन बदलने लगता है। पृष्ठ 150 पर कहानी का नायक मन ही मन एक निर्णय लेता है, "वह पक्षी की तरह लाचार नहीं हुआ है... क्योंकि श्यामला के साथ अगर मुझे ज़िन्दगी बसर करनी है तो न मालूम कितने ही भगवे खद्दर-कुरते वालों से मुझे लड़ना पड़ेगा, जी कड़ा करके लड़ाइयाँ मोल लेनी पड़ेंगी और अपनी आमदनी के ज़रिये खत्म कर देने होंगे।" आप देखिए, कहानी अपने समय की विद्रूपताओं और विसंगतियों से किस हद तक मुठभेड़ करती है। सुन्दर नीतिकथा का विलक्षण प्रभाव भीतर तक असर करता है। अन्ततः नायक 'श्यामला' का यह विचार ही कहानी की शक्ति बनता है, यही कहानी की सार्थकता है और इस कहानी को मूल्यवान बनाता है।

महावीर अग्रवाल :

'कहानी' पर विस्तृत चर्चा करते हुए आपने कहा है, 'कहानी का पहला वाक्य एक था राजा... शुरू हुआ नहीं कि एक 'था' मन को उठाकर जाने कहाँ कितनी दूर लेकर उड़ जाता है।'

नामवर सिंह :

कहानीकार की कल्पनाशीलता और अपने समय के यथार्थ के साथ गढ़ी जाती कहानी पाठक को अपने साथ लेकर चलने की कोशिश होती है। पचासों कहानियाँ हैं जिन पर चर्चा करना अभी सम्भव नहीं है। प्रेमचन्द की कहानी 'पंच परमेश्वर' की चर्चा करें या 'ईदगाह' की, हमें उस कालखण्ड

में ले जाती हैं, जिसकी चर्चा कहानी के भीतर है। कहानी के साथ समय का कुछ अजीब तरह का सम्बन्ध है। कहानी समय को विस्तारित करने के साथ ही समय को बाँधने की कला है। इस दृष्टि से भी कहानी 'ब्रह्मराक्षस का शिष्य' की चर्चा करें या 'क्लाड ईथरली' या 'पक्षी और दीमक' की, ये कहानियाँ अपनी तरह से समय के साथ अलग-अलग प्रकार की कला दिखाती हैं। अपनी कहानियों में गजानन माधव मुक्तिबोध फैंटेसी के सहारे, कभी वर्षों को समेटकर एक क्षण में बाँधते हैं, कभी उसी क्षण को खोलकर वर्षों में फैला देते हैं। कभी समय के दायरे को तोड़ते हैं तो कभी टुकड़ों को जोड़कर स्थापित कर देते हैं एक नया और सार्थक आयाम।

चेतना की महान उपलब्धि एक साहित्यिक की डायरी

महावीर अग्रवाल :

मुक्तिबोध ने मानवीय विवेक के सभी अनुषंगों को अपने विचार और चिन्तन का विषय बनाया। उनकी मौलिकता, चिन्तन शक्ति और समग्र योगदान पर, 'जन्म शताब्दी' के अवसर पर क्या एक बार फिर से विचार करना प्रासंगिक नहीं होगा?

नामवर सिंह :

स्वातन्त्र्योत्तर हिन्दी साहित्य के विकास में मुक्तिबोध का योगदान अप्रतिम है। 'हाथ कंगन को आरसी क्या?' कोई भी उनके चिन्तन के साथ उनके जीवन संघर्ष को देखे और समझे, कितना पारदर्शी है सब कुछ। मुक्तिबोध के जीवन और लेखन में कहीं कोई भेद नहीं है। एक ही सिक्के के दो पहलू की तरह है सम्पूर्ण जीवन और लेखन। कहीं कोई मुखौटा, कहीं कोई दोहरा चरित्र उनके पूरे जीवन में, शुरू से अन्त तक नज़र नहीं आता। आधुनिक हिन्दी कविता के साथ-साथ, हिन्दी आलोचना, निबन्ध और कहानी से डायरी तक सृजनशीलता को नये आयाम दिये हैं मुक्तिबोध ने। उनकी किसी भी विधा की चर्चा करें, वैचारिकी को बेहद मजबूत धरातल देने का काम मुक्तिबोध हमेशा करते रहे। सत्य से भारी ऊर्जा से ओतप्रोत रचनाओं द्वारा उन्होंने आधुनिक साहित्य को नयी परिभाषा और अर्थवत्ता प्रदान की।

महावीर अग्रवाल :

हिन्दी के साहित्य-संसार में डि-डी-ग्रेड होना लोकप्रिय फ़ैशन की तरह अपनाया जा चुका है। विचारधारा के गुणगान में क्रान्ति की धधकती ज्वाला किसी न किसी के मुख से निकलती रहती है। शब्द अंगारे की तरह झरते हैं समय- समय पर।

नामवर सिंह :

डि-ग्रेड ही नहीं, अब तो डि-कास्ट, डि-क्लास और डि-जेण्डर जैसे शब्दों का चलन बढ़ गया है। इसी से जुड़ी स्थितियों का खुलासा करते हुए मुक्तिबोध 'एक साहित्यिक की डायरी' में लिखते हैं, "हाँ, वी शुड नाट डेसर्ट अवर क्लास। हम यदि गरीब मध्यवर्ग में पैदा हुए हैं तो हम उसकी भाव स्थितियों को ज़रूर बताएँगे। प्रश्न विषय का भी है और दृष्टिकोण का भी। हम में से बहुतेरे, कोई दूसरी दृष्टि प्रकट करना चाहते हैं" आप देखिए, यह प्रवृत्ति केवल हमारे साहित्य समाज में नहीं है। किसी-न-किसी रूप में, किसी-न-किसी सन्दर्भ में हर समाज में नज़र आती है। आदमी का अंडर काम्पलेक्स जब उफनता है तो यह प्रवृत्ति हर सम्बन्ध में, हर रिश्ते में घटना की तरह सामने आती है।

महावीर अग्रवाल :

साहित्य समाज को जितना जानता समझता हूँ, अपनी सीमा में, मैं अधिकांश क़लमकारों के लेखन के साथ उनके 'जिये गये जीवन' पर विचार करता हूँ, तो मुझे हरिशंकर परसाई की एक पंक्ति बार-बार याद आती है। केवल याद ही नहीं आती, बहुत सही प्रतीत होती है, 'सुबह मछली को दाना खिलाते हैं और रात को फिश-करी खाते हैं।'

नामवर सिंह :

मुक्तिबोध में सृजन के प्रति गहरी आस्था का बोध मुझे आज भी चकित करता है। परसाई जी की इस पंक्ति का, एक छींटा भी नहीं है मुक्तिबोध के समूचे पारदर्शी जीवन में। कठिन से कठिन जीवन स्थितियों के बीच भी

उनकी सृजन की धारा कभी सूखी नहीं। मुक्तिबोध की तार्किकता में गुँथी आगे बढ़ती गयी। नयी सोच के साथ, चेतना की स्वाधीनता से ओतप्रोत रही यह सृजन की धारा। रास्ते कितने भी पत्थरीले या बीहड़ क्यों न हों, नदी की तरह उनका सृजन सारी बाधाओं को पार करता हुआ आगे बढ़ता रहा। आप जानते ही हैं, एक साहित्यिक की डायरी निरन्तर लिखी जाती रही।

महावीर अग्रवाल :

कल ही आपने संकेत किया था, आज 'एक साहित्यिक की डायरी' को ही केन्द्र में रखकर बातचीत करनी है। आज इतर प्रश्नों को छोड़कर केवल इसी पुस्तक पर विस्तार से कुछ कहिए।

नामवर सिंह :

'एक साहित्यिक की डायरी' को केवल 'डायरी' समझना भूल होगी महावीर जी। यह उद्भट प्रतिभाशाली क़लमकार की ऐसी मूल्यवान कृति है, जिसमें साहित्य के सिद्धान्तों पर विशद और गहरी चर्चा है। 'डायरी' विधा में बातचीत की शैली के साथ-साथ छोटे-छोटे ज़रूरी बिन्दुओं पर चर्चा है। रचना मीमांसा से जुड़े विरल प्रश्नों पर केवल सामान्य चर्चा नहीं हुई, वरन् असाधारण सूत्रों का पर्याय है 'एक साहित्यिक की डायरी'। जन्मशताब्दी वर्ष में साहित्य संसार को समझना होगा, उनकी डायरी का एक-एक वाक्य बताता है, कितने सजग सर्जक हैं मुक्तिबोध। कथेतर गद्य की कसौटी पर पूरी तरह खरे ही नहीं उतरते, वरन् अपनी एक स्वतन्त्र अवधारणा विकसित कर विमुग्ध करते हैं मुक्तिबोध।

महावीर अग्रवाल :

श्रीकान्त वर्मा ने इसकी भूमिका में 13 नवम्बर 1964 को लिखा है, 'डायरी' शब्द एक भ्रम पैदा करता है और यह ग़लतफ़हमी भी हो सकती है कि मुक्तिबोध की ये डायरियाँ तिथिवार डायरियाँ होंगी। लेकिन वास्तविकता यह है कि 'एक साहित्यिक की डायरी' केवल एक स्तम्भ का नाम है, जिसके अन्तर्गत समय-समय पर मुक्तिबोध को अनेक प्रश्नों पर

विचार करने की छूट न केवल सम्पादक की ओर से बल्कि स्वयं अपनी ओर से भी होती थी।

नामवर सिंह :

सही कहा आपने। 'कविता के नये प्रतिमान' के साथ भी यही हुआ। कोई सार्वभौम या शाश्वत मानदण्ड काव्य का नहीं हो सकता। मैं मानदण्ड या प्रतिमान बनाने के विरुद्ध हूँ। यह बात 'सापेक्ष' में शायद, पहले भी मैं आपसे कह चुका हूँ।

महावीर अग्रवाल :

जी हाँ, आलोचना पर केन्द्रित विशेषांक 'सापेक्ष 50, पृष्ठ 824' पर आपके विचार प्रकाशित हैं, 'मानक आलोचना के लिए कोई पूर्व निर्धारित मानदण्ड नहीं बनाना चाहिए। रचना को बिना किसी पूर्वाग्रह के रचना की तरह ही पढ़ा जाना आलोचक का पहला धर्म है। समय, काल और रचना के अनुरूप मानक बनते जाते हैं। जीवन दृष्टि रचनान्वेषी हो तो रचना के भीतर से निकलता सत्य और कथ्य, संवेदना का ढाँचा स्वयमेव मानदण्ड तैयार करता जाता है।'

नामवर सिंह :

मैं आपको बता रहा था, 'कविता के नये प्रतिमान' पुस्तक में कविता के प्रचलित प्रतिमानों की जाँच-परख की गयी है। उस पर प्रश्नचिह्न लगाया गया है। किसी भी तरह प्रतिमान बनाने की कोशिश नहीं है 'कविता के नये प्रतिमान'। कविता के नये प्रतिमान के सामने जो प्रश्नचिह्न (?) मैंने लगाया था, पुस्तक जब छपी, उन्होंने दुर्भाग्य से वह प्रश्नचिह्न (?) हटा दिया। जिसके कारण बहस हुई, अनेक भ्रम पैदा हुए और पूरी कोशिश के बाद भी वे भ्रम तोड़े नहीं जा सके। मुक्तिबोध का लिखा 'डायरी' शब्द भी एक भ्रम पैदा करता है। पुस्तक रूप में आने से पहले 'एक साहित्यिक की डायरी' के अन्तर्गत छपी सारी 'डायरी' जबलपुर से प्रकाशित होने वाली हरिशंकर परसाई की लघु पत्रिका 'वसुधा' में 1957 से 1960 तक कुछ

समय को छोड़कर लगभग नियमित प्रकाशित होती थी। यह एक ऐतिहासिक सच्चाई है। श्रीकान्त वर्मा ने यह भी लिखा है, 'मुक्तिबोध की डायरी उस सत्य की खोज है जिसके आलोक में कवि अपने अनुभव को सार्वभौमिक अर्थ दे देता है।'

महावीर अग्रवाल :

क़लमकार अपने अन्तर्मन में एक नयी दुनिया की कल्पना करता है। यथार्थ के कठोर धरातल के स्वप्न के आकाश का तादात्म्य बैठने के बाद एक संवाद सेतु बनने लगता है। धीरे-धीरे यही संवाद कविता, कहानी, उपन्यास, आलोचना, डायरी, संस्मरण, यात्रा वृत्तान्त या नाटक के रूप में अवतरित होता है। हर रचना यह बताने की कोशिश करती है, हमारी दुनिया कैसी है? और दुनिया को कैसी होना चाहिए? अपनी-अपनी रचना यात्रा में हर क़लम, कहीं-न-कहीं 'सही' लिखने का साहस और 'गलत' का विरोध भी करती है।

नामवर सिंह :

'मुक्तिबोध' की सबसे अच्छी आलोचना की किताब 'एक साहित्यिक की डायरी' है जो शुरू से लेकर आख़िर तक बातचीत के लहजे में लिखी गयी है। यह बात मैं पहले भी अलग-अलग सन्दर्भों में कहता रहा हूँ। मुक्तिबोध का अन्तर्द्वन्द्व भी भीतरी और बाहरी संवाद का दूसरा रूप है। सहज संवाद की भाषा है एक साहित्यिक की डायरी। यह 'डायरी' एक व्यापक अर्थ में रचना-प्रक्रिया का ग्राफ-चित्र भले ही हो, वस्तुतः वह उत्तरशती की जटिल जीवन-प्रक्रिया का जीवन्त दस्तावेज़ है। मैंने पहले भी कहा है, 'फकत एक सौ सोलह पृष्ठों की छोटी-सी गद्यकृति किन्तु जितने गहरे अर्थों में वह इस दशक के 'प्रामाणिक' भारतीय मानव को प्रक्षेपित करती है, कुछ ही कृतियाँ कर सकी होंगी'। 'हमारा साहित्य कैसा होना चाहिए' और 'हमारी दुनिया कैसी होनी चाहिए'? ऐसे अनेक बिन्दुओं पर मुक्तिबोध विचार करते रहे और निरन्तर लिखते रहे। व्यक्ति के निर्माण में उनके लेखन की भी अहम भूमिका बनती जाती है। सामाजिक उत्तरदायित्व का बोध मुक्तिबोध की

रचनाओं में आत्मा की तरह मौजूद है। 'एक साहित्यिक की डायरी' पढ़ते हुए यह बात पूरी तरह साफ़ होती जाती है।

महावीर अग्रवाल :

'कहना न होगा' पुस्तक के अन्तिम रैपर पर भी आपने लिखा है, "कहना न होगा कि साहित्य की प्रत्येक विधा तत्त्वतः संवाद ही है, उसका लिखित रूप जो भी हो। संवाद अर्थात् बातचीत। यह संवाद स्वयं भाषा की प्रकृति में है। भाषा का तो स्वधर्म ही संवाद है। जब हम किसी और से बातचीत कर रहे होते हैं तो अपने अन्दर भी कहीं-न-कहीं बातचीत का एक सिलसिला चलता रहता है।"

नामवर सिंह :

बातचीत का यह सिलसिला ऐसे व्यक्तियों के भीतर भी लगातार चलता है, जो साहित्य से जुड़े हुए नहीं हैं। वस्तुतः इसी प्रकार की मनःस्थिति और द्वन्द्व रचना को गति प्रदान करता है। इस सम्बन्ध में मुक्तिबोध ने गहरी मार्मिकता के साथ लिखा है, 'पागल आदमी की डायरी ही तो लुसून की कहानी थी। लोग उसको पागल कहते हैं, पर जिस विक्षिप्तावस्था में उसने डायरी लिखी, यह उस अवस्था में किसी की भी हो जाती'। सच तो यह है कि 'एक साहित्यिक की डायरी' मुक्तिषोध की एक ऐसी रचना है जो युग, समाज, जीवन तथा साहित्य का जीवन्त दस्तावेज़ है।

महावीर अग्रवाल :

'कला के तीन क्षण' की पहेली (Puzzle) सौन्दर्य शास्त्र की तो है ही, इसमें मानव शास्त्र (मनोविज्ञान और सामाजिक विज्ञान आदि) के विविध पक्षों की अभिव्यंजना भी है। आप क्या सोचते हैं?

नामवर सिंह :

बात सौन्दर्यशास्त्र की हो या सामाजिक विज्ञान की, आज़ादी के बाद समय व समाज की नयी परिस्थितियों पर तीखी नज़र रखने वाले मुक्तिबोध नयी

राह के अन्वेषक हैं। 'तीसरा क्षण' में मुक्तिबोध लिखते हैं "कवि की यह फैंटेसी भाषा को समृद्ध बना देती है, उसमें नये अर्थ-अनुषंग भर देती है, शब्द को नये चित्र प्रदान कर देती है। इस प्रकार कवि भाषा का निर्माण करता है।" रचना की मीमांसा महत्त्वपूर्ण है। आप इसे इंटरप्रिटेशन या व्याख्या भी कह सकते हैं। मेरा मानना है कि एक अच्छी व्याख्या अपने आप में मूल्यांकन है। साहित्यिक कृति विशेष सन्दर्भ में रची जाती है और उसका अर्थ समय देता है। जर्मनी में रोबर्ट याऊस इसे 'रिसेप्सन थियरी' कहते हैं। इसके अन्तर्गत यह देखा जाता है कि साहित्यिक कृतियों का आस्वादन किस तरह ग्रहण किया जाता है? अध्ययन मुक्तिबोध का इतना अधिक रहा कि अनेक आलोचक मुक्तिबोध पर पाश्चात्य आलोचकों का प्रभाव बताने से नहीं पूजते। मेरा मानना है कि पाश्चात्य प्रभाव की बात छोड़ ही दें, मुक्तिबोध के रचना संसार पर भारतीय काव्य चिन्तन पद्धति का भी प्रभाव नजर नहीं आता। मैंने पहले भी लिखा है, निष्प्राण सौन्दर्यवादी रचनाओं के स्थान पर 'डबरे में सूरज' का आदर्श मुक्तिबोध की महत्त्वपूर्ण देन है और निश्चय ही यह बोलता हुआ बिम्ब 'डायरी' का अनमोल चिन्तामणि है।

महावीर अग्रवाल :

आपने पिछली बार बताया था, 'एक साहित्यिक की डायरी' पर पहली गोष्ठी, मुक्तिबोध के निधन व शोक के कारण श्रद्धांजलि सभा में बदल गयी थी। पूर्वनिर्धारित तिथि 20 सितम्बर 1964 (मुक्तिबोध के निधन के ठीक नौ दिन बाद) को आयोजन हुआ। आपने 'एक साहित्यिक की डायरी' पर अपना समीक्षात्मक आलेख पढ़ा, उस गोष्ठी गें कौन-कौन साहित्यकार सम्मिलित हुए थे?

नामवर सिंह :

'विवेचना' के संस्थापक श्री बालकृष्ण राव ने गोष्ठी का आयोजन किया था। आपको यह जानकर आश्चर्य होगा, मुक्तिबोध के ज्येष्ठ पुत्र रमेश मुक्तिबोध अपने पिता की अस्थियाँ विसर्जित करने के लिए त्रिवेणी संगम आये थे।

संयोग देखिए, रमेश मुक्तिबोध भी उस गोष्ठी में सम्मिलित हुए। मुझे अभी तक याद है, गोष्ठी में हरिशंकर परसाई, यशपाल, कुँवर नारायण पधारे थे। शमशेर बहादुर सिंह, गंगा प्रसाद पाण्डेय, विश्वम्भर मानव और नरेश मेहता ने अपने-अपने विचार व्यक्त किये थे।

महावीर अग्रवाल :

'एक साहित्यिक की डायरी' पर जो समीक्षात्मक आलेख आपने 20 सितम्बर 1964 को पढ़ा था, उस आलोक की शुरुआती निम्न पंक्तियाँ, पाँच दशक बाद भी मुझे बहुत सजीव, तार्किक व प्रभावी ही नहीं सहज सम्प्रेषणीय लगती हैं, "कुछ लोग दुनिया से बहस करते हैं तो कुछ सिर्फ़ अपने से, कुछ थोड़े से लोग ऐसे भी होते हैं जो दुनिया से बहस करने की प्रक्रिया में, अपने आप से भी बहस चालू रखते हैं। मुक्तिबोध ऐसे ही थोड़े से लोगों में से थे और उनकी 'एक साहित्यिक की डायरी' ऐसी ही जीवन्त बहस का सर्जनात्मक दस्तावेज़ है जिसमें भाग लेने का लोभ संवरण करना कठिन है।"

नामवर सिंह :

सच तो यह है महावीर जी, आत्मीयता और पारदर्शिता के साथ 'एक साहित्यिक की डायरी' में मुक्तिबोध ने पूरी तरह खुलकर अपनी बात सबके सामने रखी। सतत आत्मसजगता के बीच आत्म-विडम्बना का निर्मम बोध इसकी आन्तरिक शक्ति है। मैंने यह भी लिखा है, "पारदर्शी ईमानदारी ही है जो मुक्तिबोध की 'एक साहित्यिक की डायरी' को अनूठा आकर्षण प्रदान करती है जिसे लेखक ने 'सुकुमार ज्वालाग्राही जादुई शक्ति' कहा है। मस्तिष्क की हर हरकत हम साफ़ देखते हैं, जैसे शीशे के अन्दर पारे की लकीर हो।"

महावीर अग्रवाल :

फैंटेसी और वैज्ञानिक चेतना के अन्तःसम्बन्ध को एक-दूसरे का पूरक बताते हुए 'एक साहित्यिक की डायरी' में मुक्तिबोध अपने तर्कसंगत विचार इस तरह लिखते हैं, "मैं चाहता हूँ कि साहित्य सम्बन्धी धारणाएँ वास्तविक

साहित्य में विश्लेषण के आधार पर बनायी जायें। जिस प्रकार से विज्ञान में इन्डक्शन से डिडक्शन पर आया जाता है तथ्यों के संग्रह से, उनके विश्लेषण द्वारा उसी प्रकार साहित्य में...।"

नामवर सिंह :

यह उनके चिन्तन का बहुत महत्त्वपूर्ण पहलू है। नयी सोच और सार्थक प्रयोग का दूसरा नाम है 'एक साहित्यिक की डायरी'। 'कला के तीन क्षणों' की व्याख्या करते हुए मुक्तिबोध लिखते हैं, "कला का पहला क्षण है जीवन का तीव्र उत्कट क्षण। दूसरा उत्कट क्षण है इस अनुभव का अपने कसकते-दुखते हुए मूलों से पृथक् हो जाना एक ऐसी फैंटेसी का रूप धारण कर लेना मानो वह फैंटेसी अपनी आँखों के सामने ही खड़ी हो। तीसरा और अन्तिम क्षण है, इस फैंटेसी के शब्दबद्ध होने की प्रक्रिया के दौरान जो-जो सृजन होता है, जिसके कारण कृति क्रमशः विकसित होती जाती है—वही कला का तीसरा और अन्तिम क्षण है।" आप देखिए, मुक्तिबोध को बहुविध प्रतिष्ठा केवल कविताओं के कारण नहीं वरन् समग्र अवदान पर मिली है। कविता के तत्त्व और कविता की रचना प्रक्रिया पर बहुत विस्तार से विचार करने वाली उनकी चिन्तनपरक आलोचना और कविता की विशद विवेचना करने वाली 'एक साहित्यिक की डायरी' का इसमें बहुत बड़ा योगदान है।

महावीर अग्रवाल :

'एक साहित्यिक की डायरी' के अन्तर्गत 'तीसरा क्षण' में मुक्तिबोध लिखते हैं, "कवि की यह फैंटेसी भाषा को समृद्ध बना देती है उसमें नये अर्थ-अनुषंग भर देती है, शब्द को नये चित्र प्रदान कर देती है। इस प्रकार कवि भाषा का निर्माण करता है।"

नामवर सिंह :

'एक साहित्यिक की डायरी' भी कविता की ही तरह परिकल्पित की गयी है। अपनी सर्जना में मुक्तिबोध अनेक स्थलों पर मूर्त स्थितियों-वस्तुओं-व्यक्तियों आदि के समूचे जीवन्त सन्दर्भ को उभारते चलते हैं।

'फैंटेसी' की अवधारणा को स्पष्ट करते हुए मुक्तिबोध लिखते हैं, "फैंटेसी यथार्थ में भोगे गये वास्तविक अनुभव की प्रतिक्रिया नहीं हो सकती। वैयक्तिक से निर्वैयक्तिक होने के दौरान ही उस फैंटेसी ने कुछ ऐसा नवीन ग्रहण कर लिया कि जिससे वह स्वयं भी वास्तविक अनुभव से स्वतन्त्र बन बैठी। फैंटेसी अनुभव की कन्या है और उस कन्या का अपना स्वतन्त्र विकासमान व्यक्तित्व है। वह अनुभव से प्रसून है इसलिए यह उससे स्वतन्त्र है।" विधा कविता की हो, कहानी की हो या डायरी की विधा हो, एक ही प्रकार की रूप-कल्पी सर्जना आप देख सकते हैं। 'एक साहित्यिक की डायरी' में भी मुक्तिबोध कहीं-कहीं पात्रों और मनःस्थितियों का चित्रण करते-करते फैंटेसी की रचना करते हैं। आप देखिए, मित्र केशव के आने का समाचार मिलते ही लगता है कि, "किसी तालाब से भाप निकलती हो, भाप की ऊँची उठती हिलकोरती लहरें एक मनुष्याकार धारण कर ऊँची-ऊँची होती गयी पास-पास आती जा रही हैं और सारा दृश्य भयावह हो उठता है।"

महावीर अग्रवाल :

'नामवर के विमर्श' में आपने लिखा (पृष्ठ 392) है, "साहित्य की व्याख्या करने वाली पुस्तकें तो बहुत हैं, किन्तु साहित्य की धारा को बदलने वाली विचारोत्तेजक पुस्तकें एकाधिक दशक बाद आती हैं और मुझे लगता है कि मुक्तिबोध की यह 'डायरी' एक ऐसी ही क्रान्तिकारी कृति है—विशेषतः नवलेखन के लिए।"

नामवर सिंह :

'एक साहित्यिक की डायरी' पर मेरा पहला आलेख 'वाद विवाद संवाद' पुस्तक में आपने देखा है। यह 'एकालाप और संलाप' से लिया गया है। आपने जिन पंक्तियों को उद्धृत किया है, इन्हीं पंक्तियों से 'एकालाप और संलाप' का समापन किया गया है। मेरा मानना है कि इस पुस्तक की सबसे बड़ी उपलब्धि एक विलक्षण व्यक्तित्व का निर्माण है, जो 'डायरी' पढ़ने के बाद पाठक के मनःमस्तिष्क में उभरकर सामने आता है।

आगे चलकर इसी आलेख में मैंने यह भी लिखा है कि, "एक साहित्यिक की डायरी के गद्य में चीज़ों को सही नाम से पुकारने का साहस है, इसलिए इसमें एक तेज़ है—ऐसा तेज़ जो समकालीन लेखन में लगभग दुर्लभ है। अछूत प्रतिभा के धनी मुक्तिबोध की सतत आत्मसजगता, सतर्कता और संवाद की पारदर्शिता के कारण ही पाँच दशकों से 'एक साहित्यिक की डायरी' जीवन्त बहस का सर्जनात्मक दस्तावेज़ बन चुकी है। नयापन और मौलिकता इसकी आन्तरिक शक्ति है। डायरी का यह रचना संसार ताज़गी और नयापन से ओतप्रोत है। उनकी मौलिकता अपनी तरह की मौलिक और अद्वितीय है। आधुनिक चेतना और गहरे चिन्तन की एक महान उपलब्धि है 'एक साहित्यिक की डायरी'।"

The Image of Man : Perspective from Modern Hindi Literature

Namwar Singh

Before we try to arrive at an overall view of Man in Hindi, we may as well cast a glance at what picture of man emerges in contemporary Hindi poetry today. One need not apologies for restricting oneself to poetry – it is only in poetry perhaps that one finds ideas and emotions and concepts in a concentrated form. And here a mood of utter despondency prevails – despondency accompanied with terror. The Hindi poet today presents the picture of man "living a degree below humanity". He sees himself surrounded from all sides like an animal at bay and in his eyes is the terror of one who thinks that the end cannot be far now. The man that Hindi poetry offers today is resigned to his fate and though he does show at times the strong rational courage of a desperately hopeless being – which some poets and critics insist on calling "commitment" – he keeps going back to the refuge of self-pity, lamentations, and perpetual fear. He wages a half-hearted battle with the dehumanising forces in the society but does not display the purpose, calm, and courage of a man in utter control of his ideas and objectives. When the poet in Hindi insists that he has been systematically dehumanised one cannot help wondering, looking at his poetry, whether he has clear and definite ideas as to what man is or what he should be.

What is man – philosophers, scientists, and artists have been trying to find an answer this question ever since it was first posed. Antonio Gramsci reaches to the care of the problem when he says : "...we can see that in putting the question "what is man?" what himself, can he create his own life? We maintain therefore that man is a process, and, more exactly, the process of his actions. If you think about it, the question itself "what is man" is not an abstract or "objective" question. It is born of our reflection about ourselves and about others, and we went to know, in relation to what we have thought and seen, what we are and what we can become; whether we really are, and if so to what extent, "makers of our ownselves", of our life and of our destiny. And we want to know this today in the given conditions of today, the conditions of our daily life, not of any life or any man."

Abstract philosophy has an ideal, eternal concept of man which is subject to the uncomfortable limits that time and space impose on the mundane man. In one clever stroke, abstract philosophy does away with the irritating problem posed by society, history, science, and politics. Man in abstract philosophy is "transcendental", almost Godlike. He is not subject to injustice, exploitation, poverty, inequality, hunger, and disease. This concept of man is dear to many even today. They would not agree with Gramsci that man is a process of his actions for they well in the realm of "pure thought". They may perhaps agree with some reservation that man is a maker of his ownself and his destiny but they would hardly be interested in the "given conditions of today", or in the conditions of anybody's daily life, for to them these things are but irritating illusions the "reality" cannot be vulgarised by these considerations. They are horrified by the very item that they share a common destiny with the multitude. They try to carve out a separate destiny for themselves, a destiny distinct for the day-to-day commerce of the earthly existence. They come to believe passionately in individual salvation and like to think of themselves as towers and islands – distinct and lonely and apart. To say the least, this image of man is extremely glamourous and attractive. "Agyeya" in his poem "Islands in the River" sings :

> We are islands :
> This is not doom, but destiny.
> The river is the mother, we her sons, cradled in her lap,
> And, through her, linked with land,
> The land that is our father...

Here the river is the stream of culture, the individuals are islands, and the land is the "Commonality" (Sic.) of mankind. The poem ends with this hope of cyclic rebirth :

> We shall begin once more as sediment
> Lift again as sandbars and rocky headlands
> From that again take shape as self.
> Which shape, again,
> Mother, you will begin to mould.

According to a critic, "Here the great cycle of nature and history absorbs the small cycle of individual human life; and the poet, reverting to traditional stance, can subsume change and the torment of personal identity under the ancient symbol of eternal return". Undoubtedly the image of man capable of coming back again and again is appealing but a careful analysis of the poem tells a different story–the poet insists that the river connects the island to the land but the fact remains that an island is an island, separate from the mainland and accessible only by a bridge or a boat, What is more, even the islands among themselves are isolated with each other. Perhaps "Agyeya" does not wish to accept the age-old fact that "no man is an island." Even the seemingly optimistic note does not take us far. The fear of extinction inspires this hope of continual rebirth, which, in final analysis, is based on the yet unproved theories of reincarnation and rebirth, theories not fully supported even by abstract philosophy. The assertion "I shall be born again" has prophet – like ring, reminiscent of a hero-saviour, a man strong and lonely, in no need of support from anything or anyone, the carver of one's own destiny.

What to Agyeya's eyes are the beautiful "islands" in a river are uncouth fragments of rocks in the Chambal valley to Gajanan Madhav Muktibodh. They are ossified because they are bent upon "remaining harmonious in the cages of compromise". The compromise turns them into stones – lifeless and dehumanised. Their lifelessness is all the more horrifying for on them sits the murdering dacoit who is much more dehumanised than the "rock" on which he sits. Muktibodh asks :

> O my stone
> Why did you turn into a dacoit's throne?
> Why did he single out tend choose you?

and answers :

> The rocky image of the dacoit
> That sits on your chest so majestically
> Is your own expanded and inflated body
> Your own image.

Muktibodh thus lays bare the hypocrisy of the individual seeker of private salvation. He proves that there is a deep as hell conspiracy between the rock like individual and "the dacoit". The champion of individual liberty is in collusion with dictatorial and authoritarian powers for they leave him free to seek his own salvation. No dictator has a quarrel with birth and death cycles, reincarnations, avatars, and the indestructibility of the soul, and superiority of the spirit over matter.

According to muktibodh the freedom from this ossified state is the destruction of the dacoit by the rock by disintegrating itself only when individualism is completely destroyed the annihilation of the dacoit is achieved. Man must first free himself from his egotism. Destroying of one's egotism a difficult type of self–extinction but it is a sine qua non towards achieving meaningful collective salvation of the whole human race. As Muktibodh says, : "Alone there is no freedom. If there is freedom it is with everyone."

It is with this realisaiton that Muktibodh's struggle with the self begins, finding its culmination in his poem "Andhere men" (In Darkness) where is he present us with the image of man whose "personality" is lost to himself but "meets him suddenly one night". The poem is a graphic illustration of what is known as "self-alienation" or the "loss of self". The pressure and terror of the system makes people supress their free thoughts and emotions and arrive at an uneasy compromise within their own psyche and in the society. This is a sort of self-censor. In the words of Muktibodh, "we imprison our real personality into the dungeon of our psyche". But the irony is that this exiled personality neighter rests nor lets us rest. In "Andhere men" this rebellious aspect of the exiled personality appears as a "figure bathed in blood-red light". It is this man who defying the military regime and martial law sings a song with the refrain :

What did you do till now?
Lived your life–but how?

The protagonist in the poem searches for this elusive figure as he is "the self-expression I have not yet found the culmination... of my own possibilities". Thus, it is Muktibodh who portrays not only the self-alienated, self-exiled man but also the man yearning and trying to realise his fullest potential and is perhaps the only poet in Hindi who achieves the image of the Whole Man in his poetry.

Another image from Muktibodh comes to mind – that of "the sun in a puddle". Accepting that we are humble puddles, he nonetheless hints that we are also capable of reflecting the sun. Juxtaposing Agyeya's image of islands and Muktibodh's picture of little pool, it will be clear that while Agyeya lays emphasis on men's being alone, Muktibodh stresses the hidden strength of the humble creature that is man. Being a sensitive poet, Muktibodh is aware of the contemporary pressure on man. He also knows that he can have individual salvation and escape for the asking he is worried whether "I too would not turn bloodthirsty, cynical, scoptic". But his "self"–conscious and "world"– conscious mind saves him from sinking into cynicism or nihilism. Thus, finally, we hear the "blood-drenched call of resolute consciousness, which rings out shattering the rings of darkness, loud and strong–against apathy against alienation. Against our inner schism, through the searing pains of humanity".

It is possible that some people would dry to dismiss this image of the "Whole Man" as "romantic" or "utopian", but is it mere romanticism to perceive the possibilities inherent and developing from reality? It is romanticism to include future in our perspective? If positive creative imagination is romantic then Muktibodh was a romantic to a degree, but in the same manner in which the dreamer of "Whole Man" Karl Marx was a romantic and also Lenin, who laid the foundation of the first socialist society in the world. But we know very well that it is what Maxim Gorky termed as "Revolutionary Romanticism" and "Heroic Romanticism" which, when it has achieved what it aims at, becomes "Socialist Realism". In fact, the "Whole Man" of Muktibodh is the inheritor of the romantic renaissance which is the finest fruit of our freedom struggle. Viewed thus, Muktibodh's "man" is the successor of the new "Excellent among men Rama" in Nirala's "Rama ki Shakti-Puja" who was temporarly shaken by the defeat of Knowledge at the hands of injustice but was fortified by his invincible psyche "that knows no self-pity, that knows no mortification and finally achieve divine powers from

Shakti, the Goddess. Muktibodh's man furthers the tradition of Surdas in Premchand's "Rangabhoomi" who, as he dies, says : "Who would lay down his life for the poor, he alone is a real hero". This man, in Premchand's moving words, "was no sage, no mahatma, no angel, no god. He was a small, weak creature surrounded by worries and impediments, who had...few virtues and many vices. Anger, greed, egotism, and moha filled his character –he had but one virtue... all these vices got transformed into devine virtue by the touch of the one he had–like all things turning into salt in the salt mine-anger bcecome right anger. Greed turned into right passion, moha changed into right attachment, and ego got transformed into right self-respect. And what was that one virtue? Love of justice, a devotion to truth, injustice, fellow-suffering, call it what you will. He could not withstand injustice. Foul play was intolerable to him. "Muktibodh's man is Premchand's, Surdas without his weakness and physical and intellectual handicap.

The real definition of man is possible only where the integral condition of memory and hope, history and imagination is available. It is in Muktibodh that we find this artistic realisation of what man was, what he is, and what he can be.

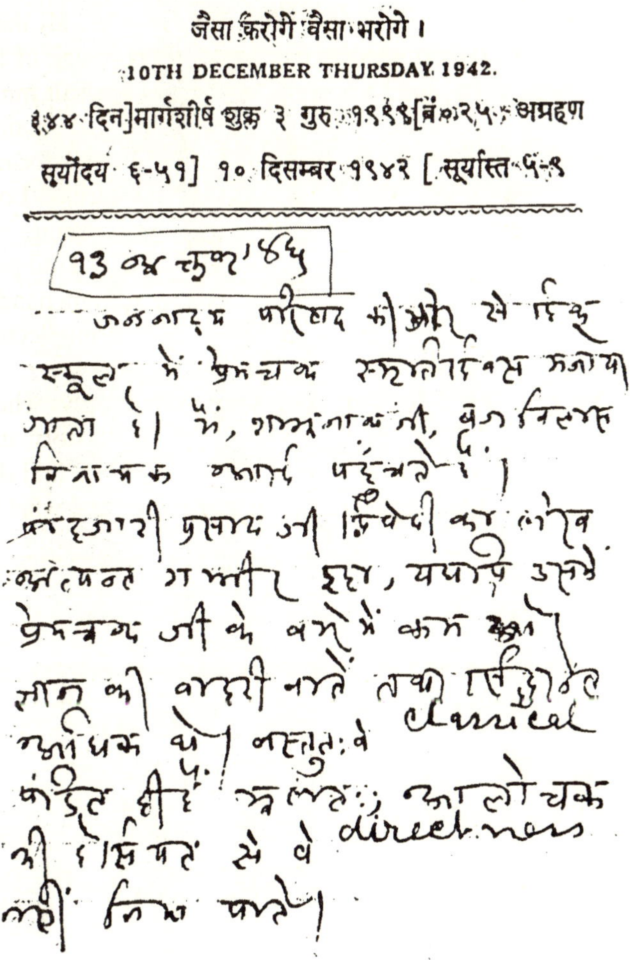

जैसा करोगे वैसा भरोगे।

10TH DECEMBER THURSDAY 1942.

३४४ दिन] मार्गशीर्ष शुक्ल ३ गुरु १९९९ [बं० १३४९ अग्रहण

सूर्योदय ६-५१] १० दिसम्बर १९४२ [सूर्यास्त ५-९

१३ जनवरी '४५

जनवादी परिषद की ओर से हिन्दू स्कूल में प्रेमचन्द स्मृति दिवस मनाया जाता है। पं. शम्भूनाथ जी, [illegible] निबन्ध [illegible] पढ़ते हैं। हजारी प्रसाद जी द्विवेदी का भाषण अत्यन्त गम्भीर हुआ, यद्यपि उसमें प्रेमचन्द जी के बारे में [illegible] ज्ञान की बहुत सी बातें तथा [illegible] classical अधिक थीं। वस्तुतः वे पंडित हैं [illegible] आलोचक की direct-ness [illegible] से वे नहीं लिख पाते।

मनकी बात सबसे न कहो।

11TH DECEMBER FRIDAY 1942.

३४५ दिन]मार्गशीर्ष शुक्ल ४ शुक्र १९९९[सं० २६ अग्रहण

सूर्योदय ६-५१] ११ दिसम्बर १९४२ [सूर्यास्त ५-९

गजानन मुक्तिबोध की 'मजूर' शीर्षक कविता नवीन प्रतीकों से पूर्ण होने के कारण अच्छी थी। सुमन ने अच्छा लिखा था।

'कफ़न' का नाट्य रूप सफलतापूर्वक अभिनीत हुआ। मुझे प्रेमचन्द की कहानियों में 'कफ़न' ही सर्वश्रेष्ठ लगती है कई दृष्टियों से। उन नाट्य परिषद वालों ने काफी सादगी रखते हुये भी स्टेज को खूब सजा रखा था। स्टेज डेकोरेशन के मामले में मुझे कुछ बातें मिलीं। प्रोग्राम बहुत नवीन रहा।

नामवर सिंह के पत्र गजानन माधव मुक्तिबोध के नाम

लोलार्क कुंड, भदैनी
वाराणसी-1
1 मई 1957

प्रिय भाई मुक्तिबोध जी,

आज रात विष्णु ने आपका पत्र दिया। देर रात तक उसे पढ़ता रहा अर्थात् लिखी हुई पंक्तियों के बीच में प्रवाहित होनेवाली अनलिखी (?) आत्मीयता के बीच बहता रहा। और अब सोचता हूँ तो लगता है कि यह आत्मीयता आकस्मिक नहीं है। 'समानधर्मा' शब्द आपने एकदम ठीक प्रयोग किया है, उस पर आपत्ति! और मुझे! वह तो मेरी सम्पत्ति है।

कितनी बार आपको लिखने का विचार आया, आप वह सब कहना बेकार है। कहने के लिए बहुत-सी बातें थीं और समझ में नहीं आता कि कहाँ से शुरू करें।

'नया खून' के अंक आते ही रहते हैं। सोचा, एक बार, किसी को लेकर कुछ लिख भेजूँ : कम-से-कम कृतज्ञता-ज्ञापन का सौजन्य तो दिखाना चाहिए। लेकिन पता नहीं क्यों, वैसा पत्र मुझसे नहीं लिखा जा सका। फिर एक दिन अप्रैल की वसुधा में 'साहित्यिक की डायरी' देखी तो लगा कि मेरे मन की बात आपने निकालकर बाहर रख दी है। बातें तो उसमें कई हैं जैसे 'साहित्य के लिए, साहित्य से निर्वासन आवश्यक है', 'आधुनिक भावबोध में वह हिस्सा शामिल नहीं है जो आवेश मूलक है' आदि; लेकिन 'अपने

द्वारा तैयार की गयी निःसंगता' की 'दुधारी तलवार' तो जैसे मेरे अपने ही सीने पर रखी हुई दिखाई पड़ी।

उस अलिखित पत्र में मैं ये तमाम बातें लिखना चाहता था लेकिन बहुत चाहता था इसलिए न लिख सका। अच्छा हुआ कि 'कवि' के इस नोट ने वह जिच दूर कर दी। और आपने चूँकि पत्र लिखा है इसलिए उस नोट को मैं पत्र ही समझता हूँ।

'आजकल' में 'नई कविता' पर नेमि जी का लेख देखकर भी इसी तरह मुझे पत्र लिखने की इच्छा हुई थी लेकिन अभी तक वह इच्छा ही है। इलाहाबाद में जब तक वे थे, यूँ ही पत्रों का सिलसिला चालू था : आपसी बातचीत का सिलसिला कायम रखने के लिए पत्र अनिवार्यतः बन गये थे। अब तो सब कुछ पहाड़ मालूम होता है। ख़ैर।

नई कविता का मैं तो एक विद्यार्थी हूँ : समझना चाहता हूँ। उसके सम्बन्ध में अपने विचारों का विश्लेषण करना चाहता हूँ। पिछले दो साल से जगह-जगह मुझे पुराने संस्कार वाले तथा एकदम अबोध, नई पीढ़ी के युवकों के बीच 'नई कविता' पर बोलने का अवसर मिला है : जहाँ मुझसे 'नई कविता' के नये भाव-बोध के ठोस उदाहरण माँगे गये। यथाशक्ति मैंने उनकी माँग का कुछ भाग पूरा किया, लेकिन इन गोष्ठियों ने मेरे अपने अज्ञान को स्वयं मेरी ही आँखों के सामने लाकर पहाड़ की तरह खड़ा कर दिया। तब से मैं अपनी ही कठिनाइयों से लड़ रहा हूँ। प्रगतिवाद के 'रूढ़' संस्कार और निजी अनुभवों के बीच का संघर्ष भी कम नहीं है इसलिए आजकल मैं 'नई कविता' पर एक छोटी-सी समीक्षा की पुस्तक केवल अपने लिए तैयार कर रहा हूँ। काश, कविता, कहानी, उपन्यास की तरह समीक्षा भी स्वान्तःसुखाय (साथ ही आत्मबोधाय) लिखने की परम्परा हिन्दी में चल पाती!

पुस्तक पूरी होने पर छपने से पूर्व आपके और नेमि के पास विचारार्थ भेजूँगा। मेरी हार्दिक इच्छा है कि आप लोगों के विचारों का पूरा लाभ उठाऊँ। इस तरह के निजी सम्पर्क से जितना काम हो सकता है, उतना 'प्रगतिशील लेखक संघ' के पुनर्जीवित करने से नहीं हो सकता। चाहे आप मुझे व्यक्तिवादी या स्वार्थवादी कहें, लेकिन भारी-भरकम संगठनों से मेरी तबियत ऊब गयी है। आधी उम्र बीत गयी और शेष दिन ऐसे व्यर्थ के कामों में नहीं गँवाना चाहता। ऐसे काम करने के लिए नेताओं की कमी नहीं है।

अगर वे लोग ज़ोर मारेंगे तो अपनी शक्ति के अनुसार हम लोग भी योग देंगे। लेकिन उनसे हमें कोई सही दिशा मिलेगी, इसकी उम्मीद कतई नहीं है। उनमें से अधिकांश जन उच्च कोटि के अवसरवादी हैं; उनके लिए विचार कपड़े हैं; किसी भी समय बदल सकते हैं और उसे dialectics का नाम दे सकते हैं; हमारा तो मरण है। यह हमसे न होगा।

इसलिए मेरे प्यारे भाई प्रगतिशील लेखक संघ और आन्दोलन की बात छोड़िए। जब 'उपयुक्त अवसर' आयेगा तो जिलानेवाले बहुत मिलेंगे। आप क्या समझते हैं कि हमारे नेता लोग इस ओर से बेखबर हैं। इस संगठन से लाभ उठाने का अवसर आते ही वे सारा आलस्य छोड़कर उठकर खड़े होंगे जैसे सात साल पहले 1950 में दिल्ली में उनकी मुस्तैदी दिखाई पड़ी थी, वैसे ही एक दिन आप देखेंगे कि एक कान्फ्रेंस होने जा रही है।

इन सब बातों का उत्तर रचना के द्वारा ही दिया जा सकता है। यदि जनता की शक्ति में हमारा दृढ़ विश्वास है तो एक बात जो दृष्टि हमें प्राप्त हो गयी है, उसे बदलती हुई परिस्थितियों के बीच निरन्तर आँजते और माँजते हुए हम साहित्य-रचना का काम कर सकते हैं और वह साहित्य सच्चे अर्थों में प्रगतिशील होगा; वह किसी नेता के निरामि का मोहताज नहीं होगा।

आशा है, आप इसी तरह अपनी रचनाओं तथा पत्रों के माध्यम से मुझे शक्ति और सहयोग देते रहेंगे। आप विश्वास रखें, इस पथ पर हम अकेले नहीं हैं : ऐसे समानधर्मा अनेक हैं।

सस्नेह आपका
नामवर

पुनश्च : संयोग से मैं मई-जून की छुट्टी बिताने आपकी तरफ़ आ रहा हूँ। रायगढ़ में एक मित्र हैं : कोयले की खान में मैनेजर। उनके साथ कुछ दिन हीराकुंड बाँध, पुरी, कोणार्क, विशाखापट्टनम वगैरह का चक्कर लगाकर दो-एक दिन रायपुर में बिताते हुए सम्भव हुआ तो जून में किसी समय नागपुर में आऊँगा। और आऊँगा तो आपको पहले ही सूचित कर दूँगा—ना।

श्री गजानन माधव मुक्तिबोध
230, भारती भवन, तेलघानी रोड
गणेशपेठ, नागपुर

लोलार्क कुंड, भदैनी
वाराणसी-1
21.2.58

भाई मुक्तिबोध जी,

आपका पत्र मिला। यह सोचकर बड़ा संकोच हुआ कि आप झंझटों में थे और मैंने आपके सामने बेकार की साहित्यिक चर्चा छेड़ दी। ख़ैर, कविताओं के संकलन का कार्य आप इतमीनान से कीजिएगा।

अभी इतना ही कहना है कि जबलपुर का साहित्य समारोह 9 मार्च रविवार को हो रहा है और परसाई तथा गुरु के पत्र के अनुसार काशी से पं. हजारी प्रसाद द्विवेदी जी को लेकर मैं वहाँ पहुँच रहा हूँ। क्या आप भी उस अवसर पर वहाँ आ सकेंगे? यदि आपको सुविधा और अवकाश निकल सके तो ज़रूर आइए। बहुत-सी काम की बातें करनी हैं जो मिलकर ही हो सकती हैं।

आशा है, आप अब निश्चिन्त होंगे।

शेष मिलने पर।

आपका
नामवर

श्री गजानन माधव मुक्तिबोध
230, भारती भवन, तेलघानी रोड
गणेशपेठ, नागपुर

लोलार्क कुंड, भदैनी
वाराणसी-1
15.9.60

आदरणीय भाई मुक्तिबोध जी,

आपका पत्र मिलने के बाद मैंने अन्तिम रूप से रायपुर न जाने का फ़ैसला कर लिया है। इसलिए उस सम्मेलन की बात अपने लिए ख़त्म।

श्रीकान्त जी का पत्र कृति-विशेषांक के लिए आया है और इससे मालूम हुआ कि वे अब एकदम कविता-विशेषांक ही निकालना चाहते हैं। इलाहाबाद में नरेश भाई से मुलाक़ात हुई थी तो यही मालूम हुआ कि उनका आग्रह कविता-विशेषांक पर ही है। ख़ैर, अब विचारों के स्पष्टीकरण वाली योजना छोड़ देनी पड़ेगी—यानी योजना का वह सैद्धान्तिक रूप जो आपने सोचा था और मुझे भी जो ज़्यादा ज़रूरी लगा था। उसके लिए आगे कार्यक्रम बनाया जायेगा।

लेकिन कविता-विशेषांक को भी उसी दृष्टि से निकालना होगा। कविता-सम्बन्धी चर्चा काफ़ी हो चुकी है—यहाँ तक कि इस चर्चा ने विचार का एक ख़ास दायरा बना दिया है जो काफ़ी तंग हो चुका है। तमाम लोग उसी दायरे के अन्दर चक्कर काटते दिखाई देते हैं इसलिए ज़रूरत perspective ठीक करने या विस्तृत करने की है।

इस सिलसिले में एक सूचना दे दूँ कि प्रयाग के परिमलियों की पत्रिका 'नई कविता' का नया अंक निकलने ही वाला है जिसमें एक सिम्पोजियम आ रहा है—'क्या नई कविता निस्तेज हो रही है?' इसमें लिखने के लिए मुझसे भी कहा गया था, लेकिन मैंने स्वीकार नहीं किया। फिर उन लोगों ने 'भाषा' पर लिखने का सुझाव रखा। कुछ सोच-विचार के बाद मैंने हाँ कर दिया। ख़ैर।

एक बार आपसे नई कविता के उदय कालीन इतिहास की चर्चा हुई थी—एक अरसे से मेरे दिमाग़ में वह सवाल चक्कर काट रहा है। भाषावाले निबन्ध में मैं उसी पर विचार करना चाहता हूँ अर्थात् पूर्ववर्ती कविता से मुक्ति पाने के लिए 1940 के आसपास किन-किन दिशाओं से और किस-किस प्रकार के प्रयत्न हुए—ख़ास तौर से भाषा-निर्माण के क्षेत्र में। मुझे बार-बार लगता है कि अज्ञेय के नेतृत्व ने तारसप्तक कालीन विराट काव्यान्दोलन को आगे गलत दिशा में मोड़ दिया; फलस्वरूप आरम्भिक

प्रयोगों के जीवन्त तत्त्व क्रमशः उपेक्षित होकर भी बैकग्राउंड में चले गये—तत्कालीन प्रगतिशील मार्गदर्शन नहीं मिल सका। जो हो, अब वह समय आ गया है कि पूरी बात सामने रखी जाये क्योंकि नयी पीढ़ी ने अज्ञेय वाली sophisticated प्रवृत्ति को दरकिनार करके नये स्रोतों की खोज शुरू कर दी है। मैं तो ख़ैर लिखूँगा ही, लेकिन क्या आपके लिए यह सम्भव नहीं है? मेरी सीमा यह है कि मुझे उस संक्रान्ति काल का प्रत्यक्ष अनुभव नहीं है। आप उस इतिहास के निर्माताओं में से हैं—आपका और शमशेर का तत्कालीन 'संस्मरण' बहुत ही महत्त्वपूर्ण हो सकता है। बेहतर हो 'कृति' में आप इसी पर लिखें—मैं 'कृति' में कुछ और लिखना चाहता हूँ। क्या? अभी तय नहीं किया है।

'लहर' में प्रकाशित परिमलियों के 'मूल्य' सम्बन्धी परिसंवाद के बारे में आपने बहुत ठीक सुझाव दिया है। हमें इस पर अवश्य विचार करना चाहिए। लेकिन एक बात बताइए—क्या हमारी चर्चा का आधार भी 'मूल्य' की category होगा?

मेरे विचार से इस category को मानकर आगे चलना ही गलत शुरुआत है। दरअसल उनका विचार सिर के बल खड़ा है और उस पर आक्रमण करने के लिए पहले उसे पैर के बल खड़ा करना होगा। विस्तार से इस पर फिर कभी।

नवम्बर में ही सही। आपकी कविताओं को इस साल पुस्तकाकार निकलना ही है। मुद्रण की व्यवस्था इलाहाबाद या बनारस में होगी, प्रकाशक भले ही साथी बुक डिपो, सागर रहे। हम चाहते हैं कि बोर्जुआ रुचि को चुनौती देता हुआ निकले।

जहाँ तक आपकी कविताओं के बारे में मेरी आलोचना-चर्चा का सवाल है, आप चाहते हैं तो मुझे भी संकोच छोड़कर निवेदन करना होगा—(संकोच आपका नहीं, अपनी समझ का)। अच्छा, अब अगले पत्र में। कुशल से तो हैं न आप?

आपका
नामवर

श्री गजानन माधव मुक्तिबोध
प्राध्यापक, हिन्दी विभाग
दिग्विजय कॉलेज, राजनाँदगाँव

लोलार्क कुंड, भदैनी
वाराणसी-1
1.8.61

आदरणीय भाई मुक्तिबोध जी,

आपकी 'कामायनी : एक पुनर्विचार' पुस्तक मिल गयी। विज्ञापन देखकर पुस्तक की एक प्रति के लिए आपको लिखने ही वाला था कि प्रकाशक ने स्वयं ही (अथवा आपके निर्देश के अनुसार) कृपापूर्वक भेज दी। अधिकांश पढ़ गया लेकिन दो-एक मेहमान आ गये इसलिए अभी पुस्तक ख़त्म नहीं कर सका। आपने इतनी नयी बातें कही हैं कि एक विस्तृत समीक्षा की अपेक्षा है और शीघ्र ही इसकी रिव्यू लिखने जा रहा हूँ। अभी यह निश्चय नहीं किया है कि किस पत्रिका में भेजूँ। अन्ततः आपकी यह चिरप्रतीक्षित पुस्तक प्रकाशित देखकर बेहद ख़ुशी हुई।

पुस्तक पढ़ते समय एक बात खटकी कि 'मार्क्सवादी जार्गन' से सामान्य पाठक भड़क न जाये। मेरा ऐसा ख़याल है कि हम लोगों को वर्तमान स्थिति में इस 'जार्गन' से बचना चाहिए। आपका क्या ख़याल है?

अब वसुधा में प्रकाशित 'डायरी' जितनी जल्दी प्रकाश में आ जाये उतना ही अच्छा।

और आजकल आप क्या कर रहे हैं? कृपया ख़बर दें। मैं मज़े में हूँ।

आपका
नामवर

श्री गजानन माधव मुक्तिबोध
प्राध्यापक, हिन्दी विभाग
दिग्विजय कॉलेज, राजनाँदगाँव (म.प्र.)

गजानन माधव मुक्तिबोध के नामवर सिंह को कुछ पत्र

[1]

230, भारती भवन, तेलघानी रोड
गणेशपेठ, नागपुर

प्रिय नामवर सिंह जी,

'कवि' में आपने मेरे सम्बन्ध में जो कुछ लिखा, उसके लिए मैं किन शब्दों में धन्यवाद दूँ।

औपचारिक पत्र लिखने का मुझे बिल्कुल अभ्यास नहीं है। दिल की कहूँ तो यह कि अगर आप मेरे समीप होते तो गले लगा लेता, इसलिए, नहीं कि तारीफ़ हुई है वरन् इसलिए कि एक सुदूर अजाने कोने में एक समानशील समधर्मा मिला। 'समानधर्मा' शब्द पर शायद आपको आपत्ति हो, किन्तु अपनी कमज़ोरियों और दोषों में मैं आपको शामिल नहीं कर रहा हूँ।

सच कहूँ तो वैसी टिप्पणी जो आपने लिखी—किसी अन्य द्वारा सम्भव ही नहीं थी। गालियाँ पड़तीं। मैं आपसे भी यही expect कर रहा था—लेकिन वे बौद्धिक गालियाँ होतीं—जैसे frustrated 'कुण्ठाग्रस्त', 'नैराश्य-ग्रस्त'—आदि-आदि। या तो लोग ऐसी ही बात करते या फिर प्रशंसा ही। प्रशंसा कम, गालियाँ ज़्यादा। काश, प्रगतिशील आन्दोलन हम जैसे लोगों को थोड़ा समझ पाता!! पिछले बारह वर्ष के एक पूरे तय समय में उसने काव्य-मर्मज्ञता के क्षेत्र में

ज़रा-सी भी समझ, सहानुभूति और सहिष्णुता का परिचय दिया होता तो उसकी वैसी गत न होती जैसी आज है। ख़ैर, मैं बहक गया, और शायद मुझे यह बात नहीं लिखनी चाहिए थी।

लेकिन, मुझे बरबस यह आद आया। शुरू-शुरू में 'तार सप्तक' के प्रकाशन के अनन्तर ही, प्रगतिशील क्षेत्र में नई कविता को बड़ी गालियाँ पड़ीं। आलोचना आवश्यक थी विरोध आवश्यक नहीं था। ख़ैर, यह पिछली बात हुई। हुई-गयी। लिखने का कारण यह है आगे चलकर, क्या इस आन्दोलन को फिर से उठाना ज़रूरी नहीं है, विशेष संशोधनों के साथ—यह सवाल दरपेश है। आशा है, आप इस पर अवश्य सोचेंगे।

जिस भीतरी पहचान का प्रतिबिम्ब आपकी टिप्पणी में मुझे दिखाई दिया, उसके लिए मैं क्या कहूँ। इतना ही कहूँगा कि मैं ख़ुद को बहुत भाग्यवान समझता हूँ, बहुत-बहुत भाग्यवान!! किन्तु इसी प्रतिबिम्ब के आधार पर और उसी से अधिकार लेकर मैंने, फिर से इस प्रकार का आन्दोलन चलाये जाने का ज़िक्र आप से किया। क्या आजकल यह सचमुच असम्भव हो गया है? इस पर आप सोचिएगा और यदि सम्भव हो सके तो मुझे भी बताइए।

त्रिलोचन जी को सस्नेह नमस्कार कहियेगा। आशा है, आप प्रसन्न हैं!! उनकी कविता पुस्तक कब निकल रही है?

आपका ही
ग. मा. मुक्तिबोध

पुनश्च : टिप्पणी, जो आपने लिखी, के बारे में यहाँ के यानी मध्य प्रदेश-विदर्भ के हमारे सब मित्रों की राय है कि न केवल बहुत अच्छी लिखी गयी, वरन् यह कि उसके पीछे एक अर्से तक चलने वाला, विविध समस्याओं पर गहरा चिन्तन साफ़ झलकता है।

निश्चय ही, मेरी उसमें बहुत तारीफ़ है, और इस सम्बन्ध में मेरा ख़ुश होना और आपकी प्रति-प्रशंसा करना भी सहज हो जाता है। इसीलिए, मैंने उन मित्रों का ज़िक्र किया जिन्होंने उसे पढ़ा और राय दी। आपके विश्लेषण के प्रति उनका विशेष अनुराग झलका, ख़ास तौर पर

लम्बी कविताओं के बारे में। संघर्ष और प्रदीर्घ कविता की कड़ी का जो आपने आभास दिया और बौद्धिक और चिन्तक—इनका जो भेद आपने बताया उनकी यहाँ विशेष चर्चा होने के अलावा आपकी पूरी दृष्टि पर यहाँ बातचीत हुई।

बाक़ी, फिर कभी।

ग.मा. मुक्तिबोध

[2]

इन्दौर
17.08.57

बन्धुवर,

पत्र का उत्तर बहुत देर से दे रहा हूँ, इसके लिए मुझे क्षमा करेंगे। पिताजी तथा माताजी के स्वास्थ्य की चिन्ताजनकता मुझे नागपुर से यहाँ ले आयी और अब लगभग एक पखवारे के बाद मैं कल ही नागपुर वापिस चला जाऊँगा।

आपके पत्र ने बड़ा धीरज बँधाया और लगा कि मेरे बारे में भी हार्दिक रूप से, सोचनेवाले लोग इस दुनिया में मौजूद हैं। मेरी कविता पुस्तक-सम्बन्धी आपका प्रस्ताव मुझे स्वीकार है। यह बहुत अच्छा हुआ कि शमशेर इलाहाबाद आ रहे हैं। मैं स्वयं आना चाहता हूँ। किन्तु मैं एक पारिवारिक पुरुष हूँ और यह चाहता हूँ कि स्थायी रूप से मित्रों के बीच पहुँच जाऊँ, जिससे कि मेरी व्यक्तिगत उन्नति के साथ परिवार का योगक्षेम सम्पन्न हो। यदि मैं बनारस पहुँच गया तो बहुतेरी बातें अनुकूल होंगी। क्या हिन्दी के लेक्चरर की जगह दिला सकेंगे?

कविताओं की प्रेस-कॉपी तैयार करने की ओर उन्मुख हूँ।

निबन्ध बृहत् हो गया है। नागपुर पहुँचने के बाद, एक-दो रोज़ में उसे अमृत के पास रवाना कर दूँगा।

आपने अपनी पुस्तकें मेरे पास भेजी नहीं? कब भेजेंगे।

सुना है कि जबलपुर वाले वहाँ आपको और हमें बुलाने वाले हैं? उन्होंने अभी पुराना आइडिया छोड़ा नहीं है। परसाई जी की बहन के पति एकाएक गुज़र जाने के कारण वे कुछ अधिक नहीं कर सके थे।

आशा है आप प्रसन्न हैं। आपके पत्रों से बड़ा सुख होता है। इससे आगे क्या कहूँ।

आपका सस्नेह

ग. मा. मुक्तिबोध

पुनश्च : कृपया उत्तर नागपुर के पते से ही भेजें।

[3]

230, भारती भवन तेलघानी रोड
गणेशपेठ, नागपुर
15.5.58

भाई नामवर सिंह जी,

जबलपुर पहुँचने के पहले बनारस से मुझे आपकी चिट्ठी मिली थी। हमारे परिवार के विभिन्न केन्द्रों में एक-न-एक दुर्घटना होती रही, जिससे मैं काफ़ी दिनों बाहर-बाहर रहा। जब यहाँ लौटा तो पाया कि दवाओं की गन्ध, इन्जेक्शन ट्यूब्स की चमक, वातावरण बना रही है। ख़ैर, साहब, तो सब कुछ ठीक हुआ। किन्तु मुझ पर ज़्यादा दबाव पड़ते रहने से मेरी तबीयत ख़राब हो गयी। अब सब ठीक है। मैं भी लगभग ठीक हूँ। काफ़ी कमज़ोरी है। शीघ्र ही चंगा हो जाऊँगा।

सबसे बड़ा खेद तो यह है कि आप जबलपुर आये और मेरी आपसे मुलाक़ात न हो सकी। नागपुर बहुत Out of the way है।

अगर कविता-प्रकाशन की कोई योजना हो तो मैं आपके पास कविताएँ भेज दूँ। वैसे, मेरे ख़याल से ज़्यादा देर नहीं हुई है। क्या परिस्थिति है लिखियेगा। आज नहीं तो कल उन्हें प्रकाशित होना ही है। मुझे आपकी शर्तें जो भी होंगी मंजूर होंगी। शमशेर भाई बनारस ही हैं क्या? कृपया लिखियेगा। इन दिनों स्थानान्तर की गड़बड़ है। सम्भवतः मैं जुलाई में कहीं पास-पड़ोस में लेक्चरर हो जाऊँगा। वैसे, मेरी बड़ी इच्छा है कि आप लोगों के समीप रहूँ, जिससे मैं कुछ पढ़ाई कर सकूँ। हम लोग इधर बहुत पिछड़े प्रदेशों में रहते हैं और साहित्यिक गतिविधियों से घनिष्ठ सम्पर्क नहीं रख पाये। यदि बनारस में मेरे लायक नौकरी मिले तो अवश्य लिखियेगा। पत्रोत्तर की प्रतीक्षा में।

आपका
ग. मा. मुक्तिबोध

राजनांदगांव
८-५-६०

प्रिय नामवरसिंह जी,

मुझे और बहुत अफ़सोस हुआ; पता नहीं और किन्हीं [illegible] में मैं [illegible] भावनाओं में बह गया था और आपकी स्थिति का ज़रा अनुमान कर लेता, मेरे लिए आवश्यक था। आवश्यक इसलिए कि मैं स्वयं ऐसी हालत में बहुत [illegible] भुगता हूँ, इसलिए...

मैंने जब यह जाना अपनी जी को बताया तो सब लोग सन्न रह गये [illegible]। आपकी [illegible] स्थितियाँ याद आईं; सब [illegible] रहा है।

कॉलेज में [illegible] हुई है। यहाँ सब लोग अक्सर आपके बारे में [illegible] हैं।

कृपया, अपना समाचार भेजते रहें। मैं अपनी तरफ से अलग [illegible] ठीक, कर रहा हूँ। लेकिन, इसके पहले भी कुछ बातें हों, मेरे पास पूरे facts नहीं हैं। आशा है आप मुझे वस्तुस्थिति से परिचित करायेंगे। तुरन्त। ग़लत [illegible] है, शीघ्र पत्र [illegible]।

आशा है आप मेरे इस बात विचार पूर्वक, उत्तर देंगे। इन्तज़ारी

आपका अपना ग. मा. मु.

[5]

दिग्विजय कॉलेज
राजनाँदगाँव (म. प्र.)
6.8.61

बन्धुवर,

आपके पत्र से बहुत प्रोत्साहन मिला। अपने अकेले एकान्त में रहने की स्थिति से, आत्म-विश्वास की हानि होती है, इसलिए ज़रा-सी भी सहानुभूति पाकर, मन को लगता है कि और भी अच्छा काम हो सकता है। 'कामायनी : एक पुनर्विचार' में बहुत-सी त्रुटियाँ हैं—मुख्यतः रचना-सौन्दर्य, या प्रबन्ध लालित्य के सम्बन्ध में। इतना अवकाश नहीं था कि लिखे को सुधार सकूँ। पुनरावृत्तियाँ भी हैं—लेकिन वे ज़्यादा ज़ोर देने के लिए, समझा-समझाकर कहने के लिए। मुख्य बात तो उसकी दृष्टि है। उसका मैं पक्षपाती हूँ।

आपने 'मार्क्सवादी-जार्गन' की बात कही। साधारणतः मैं अपने लेख आदि में इस प्रकार की शब्दावली का प्रयोग नहीं करता। आपका यह कहना बहुत ही सही है कि आज स्थिति में इस प्रकार की शब्दावली में बात करना अनुचित है। मैं आपसे पूर्णतः सहमत हूँ।

किन्तु 'कामायनी' की व्याख्या में, मैं इसे टाल नहीं सकता था। यदि मैं यह मानता हूँ कि 'देव-सभ्यता' सामन्ती सभ्यता का प्रतीक-चित्र है, कि जिस देव-सभ्यता के नाश के पुत्र-रूप में मनु की स्थापना की गयी है तो वैसी स्थिति में सामन्ती सभ्यता के आगे क़दम—पूँजीवादी सभ्यता, पूँजीवादी व्यक्तिवाद में सब शब्द अपरिहार्य हो जाते हैं। प्रसाद जी इसी पूँजीवादी सभ्यता के doom की भी अपने ढंग से तसवीर खड़ी करते हैं। यदि इस प्रकार की शब्दावली में बात न की गयी तो सामन्ती सभ्यता के

नाश से जन्मित सभ्यता के doom तक आने के इस पूरे क्रम की व्याख्या हो नहीं सकती।

यह एक कठिनाई है। फिर भी मैं यह सोचता हूँ कि जहाँ तक हो सके यह कोशिश की जानी चाहिए कि मार्क्सवादी जार्गन में बात न हो। यदि मैं अधिक सावधानी से काम करता, तो शायद यह ग़लती न हो पाती। किन्तु, उसका एक दूसरा पक्ष यह भी है कि मैंने इसी शब्दावली में 'हंस 1944' में और 'आलोचना 52-53' में लेख लिखे थे। 'आलोचना' वाला लेख दो संकलनों में भी स्थान प्राप्त कर चुका है। ऐसी स्थिति में, मेरी 'कामायनी' की आलोचना के साथ वैसी शब्दावली जुड़ गयी है। मैं अपने को डिफ़ेण्ड नहीं करना चाहता। मुझे स्वयं यह शब्दावली प्रिय नहीं, किन्तु वह precise है।

'कामायनी' के अगले संस्करण की ओर मेरी आँखें लगी हुई हैं। कल नहीं तो छह-सात साल बाद, उसका दूसरा संस्करण अवश्य निकलवाने का प्रयत्न करूँगा। तब, सारी त्रुटियाँ निकाल दूँगा। आपके सुझाव के अनुसार, मार्क्सवादी शब्दावली हटा दी जायेगी, जहाँ तक हो सके।

आशा है, आप प्रसन्न हैं। किन शब्दों में अपने भाव व्यक्त करूँ।

आपका ही

ग. मा. मुक्तिबोध

[6]

राजनाँदगाँव
17.8.61

प्रिय नामवर सिंह जी,

आपका दूसरा पत्र पाकर बहुत प्रसन्नता हुई। किसी मर्मज्ञ द्वारा प्रशंसा के दो शब्द मिल जाने से लेखक प्रसन्न हो जाया करता है। मेरे लिए यह और भी स्वाभाविक है।

इधर, मेरे पास नागपुर से एक समाचार आया है। श्री शिवदान सिंह जी कलकत्ते में लेखकों का एक सम्मेलन करने जा रहे हैं। शायद, आपके पास भी इस सम्बन्ध में कोई सूचना होगी। वह सम्मेलन प्रगतिशीलों का ही रहेगा—ऐसी धारणा स्वाभाविक ही है। हाँ, उसमें सहयात्री भी रहेंगे।

इस सम्बन्ध में मेरा निवेदन यह है कि इधर उठ खड़ी हुई नयी प्रवृत्तियों के सीधे-सीधे condemnation से काम नहीं बनेगा। इसलिए, आपको वहाँ जाना ज़रूरी है। वे आपको अवश्य बुलायेंगे—बुलाना चाहिए। अभी उनकी ओर से शायद निमन्त्रण न आया हो।

लेकिन, मैं कहना यह चाहता था कि नयी प्रवृत्तियों के क्षेत्र में, कई theoretical questions उठ खड़े हुए हैं। प्रगतिशीलों की पुरानी धारणाओं के खण्डन पर, यह इमारत खड़ी हुई है। जो साहित्यिक इस नयी प्रवृत्ति के अंग हैं, और प्रगतिशीलों के साथ भी हैं, उनका यह कर्तव्य है कि वे प्रगतिशील जीवन-दृष्टि को पुनः स्थापित करें, जो theoretical questions खड़े किये गये हैं, उनका पूर्ण उत्तर देकर। केवल सम्मेलन करने से, साहित्यकारों में प्रगतिशीलता का प्रचार होगा, यह कहना मुश्किल है।

सच बात तो यह है कि साहित्य में प्राप्त नयी स्थिति को सामने रखते हुए सैद्धान्तिक विश्लेषण का कार्य आवश्यक है। वह कार्य बहुत बड़ा है।

यह बात मैंने रास्ते चलते लिख दी। वह भी इसलिए कि यदि वैसा सम्मेलन हुआ तो उसे कोरा मंचीय प्रयत्न भर न रखा जाये इस इच्छा से प्रेरित होकर लिखा है।

आशा है, आप प्रसन्न हैं। पता नहीं, कब आप से भेंट हो।

आपका ही

ग. मा. मुक्तिबोध

('जनयुग', 12 सितम्बर, 1965 में प्रकाशित)

❑❑